Knaur

INGEBORG DÜFFERT

LUSTIGE VORTRAGSTEXTE FÜR FAMILIENFESTE

Knaur

INGEBORG DÜFFERT

LUSTIGE VORTRAGSTEXTE FÜR FAMILIENFESTE

GEBURTSTAGE, HOCHZEITEN, JUBILÄEN

www.droemer-knaur.de

IMPRESSUM

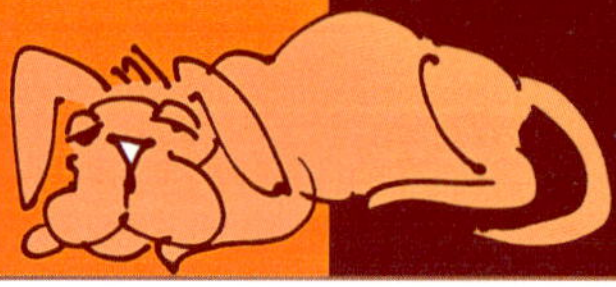

Bibliografische Information Der Deutschen Bibliothek
Die Deutsche Bibliothek verzeichnet diese Publikation in der Deutschen Nationalbibliografie; detaillierte bibliografische Daten sind im Internet über **http://dnb.ddb.de** abrufbar.

Die im Buch veröffentlichen Ratschläge wurden von Verfasser und Verlag sorgfältig erarbeitet und geprüft. Eine Garantie kann dennoch nicht übernommen werden. Ebenso ist die Haftung des Verfassers bzw. des Verlages und seiner Beauftragten für Personen-, Sach- und Vermögensschäden ausgeschlossen.

Umschlagkonzeption: Zero Werbeagentur, München
Umschlaglayout: Zero Werbeagentur, München
Umschlagfoto: Getty Images/Stone

Lektorat: redaktionsbüro drajabs, Berlin
Illustrator: Till Winkler, Augsburg
Layout und Satz: Diamond Graphics, Augsburg
Herstellung: Dagmar Guhl
Druck und Bindung: Appl, Wemding

ISBN 3-426-66929-3
Printed in Germany

Bitte besuchen Sie uns im Internet:
www.droemer-knaur.de

INHALT

ARBEIT UND GELD

GESUNDHEIT!

TIERISCHES UND ALLZUMENSCHLICHES

DIE JAHRE, SIE EILEN

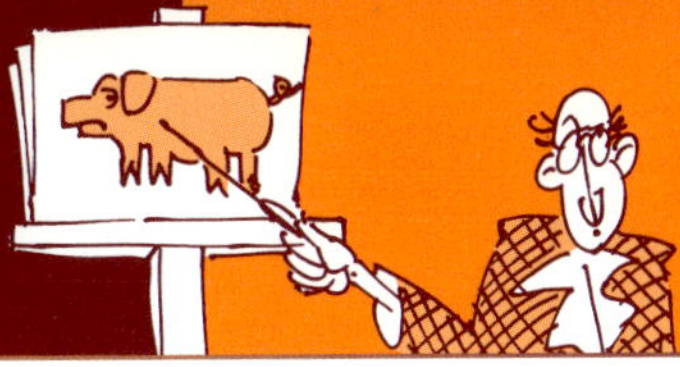

Liebe Leser,

»Witz kommt aus dem Verstand, Humor aus dem Herzen« - nach dieser Devise habe ich unzählige Veranstaltungen und Feste moderiert und, wie mir immer wieder versichert wurde, vielen Menschen Freude gemacht.

Vielleicht denken Sie zum ersten Mal daran, einen Text vorzutragen? Dann gebe ich Ihnen gern ein paar Tipps.

Stellen Sie sich niemals all das Schreckliche vor, was Ihnen beim Vortragen vielleicht zustoßen könnte - erinnern Sie sich lieber an frohe Erlebnisse, die Sie selbst als Zuhörer hatten, und an Vortragende, die Ihnen besonders gut gefallen haben. Die waren doch sicher nicht schöner, nicht witziger und nicht klüger als Sie! Wenn Sie sich heute noch gern an sie erinnern, liegt es sicher daran, dass Sie beim Zuhören das Gefühl hatten: Da spricht jemand gern zu mir, er oder sie freut sich auf mich, ist überzeugt von dem Text und möchte nichts lieber, als dass wir alle uns amüsieren. Darauf also kommt es an - na und? Das können Sie doch auch, oder?

Und sollten Sie wirklich einmal den Faden verlieren oder sich verhaspeln - lachen Sie selbst als Erste/r, und fangen Sie notfalls einfach von vorn wieder an!

Noch ein Tipp: Wenn Sie Witze erzählen, dann niemals nur einen. Niemand weiß genau, warum es so ist, aber die Erfahrung zeigt: Die Zuhörer hören aufmerksamer zu, wenn Sie ihnen eine Kette von Witzen zu einem Thema bieten, und sie lachen viel mehr. Stellen Sie aus den Vorschlägen dieses Buches eine kleine Kette von drei bis fünf Witzen zusammen, die Sie mit lockeren Zwischentexten aneinander ketten, und der Erfolg ist Ihnen sicher.

Falls Ihnen jemand einreden möchte, es sei unter Ihrer Würde, lustige Texte vorzutragen, schauen Sie ihm lange und ernst in die Augen und sagen Sie im Brustton der Überzeugung: »Die einzigen Dinge, über die es sich lohnt, ernsthaft zu reden, sind lustige Dinge.« Das entwaffnet jeden!

Ich wünsche Ihnen viel Erfolg,

Ihre Ingeborg Düffert

Die kleine Nichte fragt ihre Tante: »Sag mal, Tante Ursel, warum hast du eigentlich keine Kinder?«

»Nun, der Klapperstorch hat mir keine gebracht.«

»Ja, kein Wunder – wenn du noch an den Storch glaubst.«

WONNEPROPPEN

Kinder

Kinder haben es so leicht,
haben keine Sorgen,
denken nur, was mach ich jetzt,
nicht, was mach ich morgen ...?
Kinder haben es so schwer,
dürfen niemals mäkeln
und sich wie der Herr Papa
auf dem Sofa räkeln ...

Kinder haben es so leicht,
dürfen immer spielen,
essen, wenn sie hungrig sind,
weinen, wenn sie fielen ...
Kinder haben es so schwer,
müssen so viel lernen
und, wenn was im Fernsehen kommt,
sich sofort entfernen ...

Kinder haben es so leicht,
naschen aus der Tüte,
glauben an den lieben Gott
und an dessen Güte ...
Kinder haben es so schwer,
müssen Händchen geben –
und auf dieser blöden Welt
noch so lange leben ...

*Heinz Erhardt**

Pappis Wiegenlied

Schlafe ein, mein Schätzchen,
und träum von einem Kätzchen,
von Püppchen, bunten Steinchen,
schlafe ein, schlaf, Kleinchen!
Schlafe ein, mein Bübchen,
ein Engel geht durchs Stübchen
ganz leis auf nackten Beinchen,
schlafe ein, schlaf, Kleinchen!
Während nun der gute Mond am Himmel lacht,
sitzt dein Pappi hier am Bettchen und bewacht
dich, mein holdes Schätzchen.
Es schlafen schon die Kätzchen,
die Püppchen und die Steinchen,
schlafe ein, schlaf einchen!

*Heinz Erhardt**

* * *

Heute erziehen nicht die Eltern die Kinder,
sondern die Kinder die Eltern.

* * *

Kindersand

Das Schönste für Kinder ist Sand.
Ihn gibt's immer reichlich.
Er rinnt unvergleichlich
zärtlich durch die Hand.

Weil man seine Nase behält,
wenn man auf ihn fällt,
ist er so weich.
Kinderfinger fühlen,
wenn sie in ihm wühlen,
nichts und das Himmelreich.

Denn kein Kind lacht
über gemahlene Macht.

Joachim Ringelnatz

Ali Baba

Herr Schreiber interessierte sich für alles Wissenswerte,
weil's einesteils und andernteils zur Bildung mal gehörte.
Und wenn nun gar ein Vortrag war mal über Medizin,
so musste er ihn hören, und nichts hielt zu Hause ihn.
Just nun zur schönen Sommerzeit, wo fast in jedem Jahr
bei seiner Frau mit Pünktlichkeit stets was in Aussicht war,
hielt ein berühmter Frauenarzt, 'ne allererste Kraft,
den Vortrag über Eheglück und über Mutterschaft.
»Da muss ich hin«, Herr Schreiber spricht zu seiner Frau erfreut,
»hier hast du 'n Buch, vertreibe dir inzwischen mit die Zeit.«
Er stürmte los, der Saal war voll, als gäb's dort was geschenkt,
doch fand er schließlich noch drin Platz, wenn auch sehr eingeengt.
Der Arzt betrat das Podium bald, ein Mann von seltner Art,
mit Brille, hoher Denkerstirn und wirrem Rauschebart.
Er sprach von Ehefreud und Glück, vom Leib- und Körperpflegen,
von ehelichem Missgeschick und auch von Kindersegen.
Und als beim Thema »Mutterschaft« der Arzt darauf bald schnell war,
da war Freund Schreiber völlig Ohr, weil's für ihn aktuell war.
»Man muss die Frau«, so sprach der Arzt, »wenn sie – was oft geschieht –

’nem freudigen Ereignis hochbeglückt entgegensieht,
davor bewahren, dass kein Schreck den Zustand ihr erschwert,
denn so was wirkt sich später aus, wenn man darin sehr lax ist.
Ich weiß zum Beispiel einen Fall aus meiner langen Praxis,
wo eine Frau, die Hoffnung trug auf ein geliebtes Wesen,
in dieser Zeit noch von Dumas ›Drei Musketier‹ gelesen.
Die Frau, sie war von dem Roman im Denken so benommen,
dass schließlich sie als Resultat hat Drillinge bekommen.«
»Um Himmelswillen, ich muss nach Haus«, schrie ganz verstört Herr Schreiber,
»denn meine Frau liest ›Ali Baba und die 40 Räuber‹.«

* * *

Die Tante winkt, die Tante lacht:
He, Fritz, komm mal herein!
Sieh, welch ein hübsches Brüderlein
der gute Storch in letzter Nacht
ganz heimlich der Mama hat gebracht.
Ei ja, das wird dich freun!
Der Fritz, der sagte kurz und grob:
Ich hol ’n dicken Stein
und schmeiß ihn an den Kopp!

* * *

Das wäre schön

Ich glaube, manche junge Frau,
die würd vor Glück zerspringen,
würd ihr der Klapperstorch zum Kind
auch gleich den Vater bringen.

*Heinz Erhardt**

Zwillinge

Personen: Der Standesbeamte und der Betrunkene

Eingangsszene: Der Standesbeamte sitzt hinter dem Schreibtisch, auf dem einige Akten liegen. Der Betrunkene kommt herein.

Betrunkener ... wollte nämlich fragen, meine Herren, ob man hier bei Ihnen, meine Herren, eine Geburtsanzeige entgegennimmt?

Standesbeamter **Jawohl!**

Wunderbar! - Dann schreiben Sie bitte, meine Herren: Ich habe heute morgen Zwillinge bekommen, meine Herren. Nicht direkt ich, sondern meine Frau. Zwei Stück Zwillinge, meine Herren! Schreiben Sie das auf, meine Herren!

Gratuliere! – Aber warum sagen Sie denn immer »meine Herren« zu mir? Ich bin doch nur einer.

Was?! Sie sind nur einer! *(überlegt angestrengt)* Dann schreiben Sie noch nicht »Zwillinge«, dann will ich lieber erst noch einmal nachsehen! *(Tusch – Vorhang)*

* * *

Der 9-jährige Fritz zeigt seinem Vater das Zeugnis. Als er es gelesen hat, schimpft er: »Das ist unerhört, so ein schlechtes Zeugnis hast du noch nie nach Hause gebracht.« Fritz lächelt aber trotzdem und sagt schadenfroh: »Das ist dein eigenes Zeugnis aus der 3. Klasse, ich habe es beim Aufräumen auf dem Boden gefunden.«

* * *

Es hat Zeugnisse gegeben. Kläuschen gibt es seinem Vati und sagt treuherzig: »Nicht wahr, Papa. Hauptsache, wir sind alle gesund.«

Aber ehrlich!

Mutter hat Gesellschaft heute,
ei, wie das die Kinder freute.
»Denn wenn Tanten uns besuchen,
gibt es feinen Kaffeekuchen!«
Also Kurt zum Lieschen spricht,
und es strahlt sein Angesicht:
»Und wenn dann was übrig bleibt …«
Kurt sich schlau die Hände reibt!

Richtig! Als sie fortgegangen,
wird befriedigt ihr Verlangen.
Froh herzu die Kinder eilen,
Kurt, als Ältester, soll teilen –
»Aber ehrlich!« Mutter sagt.
»Was ist ehrlich?« Kurtchen fragt.
»Wenn dem andern unbetrübt
man die größte Hälfte gibt!«

Kurt mit rasch entschlossnem Sinn
schiebt den Kuchen Lieschen hin,
»Teile du! Mir ist's beschwerlich«,
ruft er. »Aber – teile ehrlich!«

* * *

Der Papa ist empört,
er kann es nicht fassen!
Der Lehrer hat seinen Sohn
einfach sitzen lassen!
Was hat der sich nur dabei gedacht?
Denn – nicht sein Sohn, sondern
er hat doch die Schularbeiten gemacht!

Die haben Sorgen!

Zwei Gnubbels, fimf, sechs Jahre alt,
die tun sich unterhalten.
Vom Kinderkriegen reden se,
se reden wie de Alten.

Der eine hält von Kindern nuscht,
drum will er keine haben,
Der andre ja, so Sticker acht,
und meeglichst alles Knaben.

»Nei«, sagt der erste, »Kinder? Nei!
Von die will ich nuscht wissen.
Die Kräten kosten so viel Geld,
weil se viel essen missen.

Se machen sich de Bixen nass,
zerreißen sich de Flossen
und ärgern einem immerzu.
Was soll ich mit die Gnossen?«

»Ja«, meint der zweite, »Ärger gibt
es immer mit den Kindern.
Bloß, wenn du keine haben willst,
wie willst du das verhindern?«

Der erste: »Ich bin doch der Mann,
da wird ich nich viel fragen.
Das wird ich einfach meine Frau
gleich bei de Hochzeit sagen.«

Der zweite schlackert mittem Kopp:
»Na meinst, das wird geniegen?
Vleicht horcht se nich, vleicht will se grad
e Haufen Kinder kriegen.«

Er ieberlegt, was werden soll,
wenn der ihr das verbietet.
Mit eins, da sagt er: »Ei was machst,
wenn se denn heimlich brietet?«

Jung sein und alt werden ist einfach,
aber erwachsen werden ist schwer.

* * *

Wenn sie als Kind zu heiß uns baden,
So merkt man später wohl den Schaden.
Doch kann man auch mit kalten Duschen
Uns unsre Jugend arg verpfuschen.

* * *

Kinder haben meist den Verstand vom Vater,
denn die Mutter besitzt ihren ja noch!

* * *

»Unser Sohn wird dir von Tag zu Tag ähnlicher«, sagt die Ehefrau zu ihrem Mann. Darauf fragt der Mann entsetzt: »Was hat er denn nun schon wieder angestellt?«

* * *

Frage ich doch kürzlich meinen Enkelsohn: »Na, Thomas, wie geht's denn so?« »Ach, ganz gut«, meinte Thomas, »nur mit deinem Sohn habe ich oft Ärger.«

* * *

Ein kleiner Lausbub kommt zum Schlachter: »Ich möchte gerne ein Pfund Fleisch, aber schön zähe.« »Warum denn das?« »Nun, wenn ich zartes bringe, isst der Vater immer alles alleine, wenn ich aber zähes hole, gibt er es uns Kindern.«

* * *

Die Mutti begleitet ihren kleinen Sohn zum Zahnarzt. Auf dem Weg dorthin erklärt sie ihm, dass der Zahnarzt eine ungewöhnlich große Nase habe. »Mach aber bitte keine ungezogene Bemerkung über die Nase, hörst du?« Der Kleine sitzt artig auf dem Operationsstuhl, beobachtet den Zahnarzt und ruft dann laut und vernehmlich der Mutti zu: »Weißt du, Mutti, so groß finde ich eigentlich die Nase gar nicht.«

Mutti sitzt mit dem kleinen Töchterchen in der Straßenbahn: »Guck mal, Mutti, wie gut, dass du nicht so dick bist wie die Tante da.« Die Mutter wird verlegen und schimpft: »Hier spricht man doch nicht so laut darüber, so was kannst du mir zu Hause sagen.« Am nächsten Tag die gleiche Situation, eine vollschlanke Dame sitzt ihnen gegenüber. Da zeigt die Kleine mit dem Finger auf diese Dame und verkündet: »Du, Mutti, über die Tante reden wir noch mal.«

* * *

Der Papi hat Geburtstag. »Ich wünsche mir von dir nur ein gutes Zeugnis«, sagt er zu seinem Sohn. »Oh, lieber Papi, dein Wunsch kommt leider zu spät. Ich habe schon eine Krawatte für dich.«

* * *

»Schämst du dich gar nicht, mit so einem schlechten Zeugnis nach Hause zu kommen? Was hast du dir eigentlich dabei gedacht?« »Nur eins, Papa, dem Mutigen gehört die Welt!«

* * *

»Vati, du hast mir doch 10 Euro versprochen, wenn ich versetzt werden.« – »Ja, mein Sohn, das stimmt«, sagt der Vater. – »Ja, ich wollte dir nur sagen, dass du sie sparen kannst!«

* * *

Ein Händler kommt auf einen Bauernhof und fragt den kleinen Sohn Jochen: »Wo ist dein Vater?« – »Im Schweinestall – Sie erkennen ihn am schwarzen Hut!«

* * *

»Warum hat der Vati eigentlich keine Haare auf dem Kopf?« fragt das Söhnchen seine Mutti. »Weil er eben sehr gescheit ist, und vom vielen Nachdenken gehen die Haare aus.« »Und warum hast du dann so viele Haare?«

Einmal fragt Jochen seine Tante: »Wo hast du deinen Senf?« Die Tante erstaunt: »Was soll ich haben, Senf?« »Ja, der Papi sagte neulich, du musst zu allem deinen Senf geben.«

* * *

»Sag mal, Jungchen, warum heulst du denn immer noch? Ich habe dir doch eben 5 Cent geschenkt.« – »Sie sind gut«, sagt der Kleine, »kaufen Sie sich mal was für 5 Cent.«

* * *

Der Claus wird gefragt, was er werden möchte.
»Lehrer und Maurer« war die Antwort.

»Warum denn zwei Berufe?«

»Das ist doch praktisch. Als Lehrer habe ich im Sommer immer Ferien und als Maurer im Winter.«

* * *

Zwei Berliner Steppkes unterhalten sich: »Wie alt biste?« – »Sechse!« – »Haste schon 'ne Molle gezischt?« – »Nee!« – »Roochste?« – »Nee!« – »Haste schon mal mit'm Mädchen geknutscht?« – »Nee!« - »Denn biste ooch erst viere!«

* * *

Als Hans sein Taschengeld von seiner Mutti bekommt, vermisst sie ein Dankeschön. »Was sagst du, wenn du Geld von mir bekommst? Denk doch mal daran, was ich immer sage, wenn Papa mir mein Kostgeld gibt.« Einen Augenblick zögert der Hans, nimmt aber noch einmal das Geld von seiner Mutter aus der Tasche, zeigt es ihr mit ausgestreckter Hand und sagt: »Ist das alles?«

* * *

Heute ist Taschengeldverteilung in der Familie. Der 10-jährige Claus bekommt 2,– Euro und die 13-jährige Helga bekommt 5,– Euro. Darauf schimpft der Claus empört: »Warum kriegen Mädchen überhaupt so viel Taschengeld? Sie saufen nicht – sie rauchen nicht, und sie lassen sich noch von uns Männern einladen.«

Vater zum Sohn: »Wann suchst du dir endlich eine Stellung? In deinem Alter habe ich damals für 30,- DM die Woche hinterm Ladentisch gestanden und nach sechs Jahren war das schon mein Laden.« - »Ja, Vater«, meinte darauf der Sohn, »damals gab's auch noch keine Registrierkassen.«

* * *

Eine junge Dame ist ein Filmstar geworden und gibt ein Interview. Sie erzählt: »Ich bin arm aufgewachsen. Meine Eltern hatten kein Geld. Als sie dann starben, stand ich so gut wie nackend da.«

»Verständlich«, sagt der Journalist, »und von da an begann Ihre Filmkarriere.«

* * *

Der Vater spricht zu seinem Sohn: »Ich hätte gar nicht gedacht, dass das Studieren so teuer ist.«

»Ich bin auch empört«, meinte darauf der Sohn, »und dabei studiere ich gar nicht viel!«

* * *

Ein Student ist erkrankt und kann in den Ferien seine Eltern nicht besuchen. Er telegraphiert. »Kommen unmöglich, liege mit Angina im Bett!«

Darauf folgt das Telegramm vom Vater: »Mädchen sofort rauswerfen, abfinden und kommen!«

»Was ist ein Heuchler?« fragt der Lehrer.

»Das ist einer, der behauptet, dass er gern in die Schule geht.«

SO KOMMEN KINDER DURCH DIE SCHULE

Prima Ausreden für Schüler

Zu spät kommen: Ich konnte keinen Parkplatz für mein Fahrrad finden.

* * *

Nichtgrüßen des Lehrers: Ich wollte nicht stören.

* * *

Nicht aufpassen: Ich bin sowieso schwerhörig.
Ich bekomme sowieso Nachhilfeunterricht.

* * *

Schwätzen: Sie reden doch auch die ganze Zeit.

* * *

Strafarbeiten vergessen: Die sind sowieso verboten.

* * *

Verprügeln eines Schülers: Ich wollte Ihnen die Arbeit abnehmen.

* * *

Zertrümmern einer Scheibe: Ich dachte, da wäre keine.

* * *

Rauchen auf dem Schulhof: Auf der Toilette sind zu viele.

* * *

Rauchen auf der Toilette: Auf dem Schulhof war es mir zu kalt.

Mutter und Tochter

Personen: Mutter, 10-jährige Tochter

Eingangsszene: Die Mutter sitzt an einem Tisch und strickt. Die Tochter kommt auf die Bühne, trägt einen schmutzigen Rock und hat schmutzige Hände.

Mutter — *(entsetzt)* Wie siehst du denn aus?!

Tochter — **Ich bin in eine Pfütze gefallen.**

Mit deinen guten Sachen?

Ja, ich hatte leider keine Zeit, mich vorher noch umzuziehen.

So, komm setz dich erst mal hin, waschen kannst du dich gleich, bevor du zu Bett gehst. Wir haben uns ja heute noch gar nicht über die Schule unterhalten. *(Tochter setzt sich)* Was hattest du heute eigentlich in der letzten Schulstunde?

Hunger.

Nein, ich möchte wissen, ob irgend etwas Besonderes war in der Schule.

Ja, du, Mama, der Gerd hat in der Pause mit einem Mädchen aus der Klasse Doktor gespielt.

Na, das ist doch nicht schlimm, mein Kind.

Naja, Mama, der Blinddarm musste sicher sowieso mal raus.

Du lenkst vom Thema ab. Ihr habt doch heute Zeugnisse bekommen oder nicht?

druckst herum — **Ja, Mama.**

Und? Wo hast du dein Zeugnis?

Ach, das habe ich der Verena geliehen, die wollte damit ihre Mutter erschrecken.

entsetzt — Was?! So schlecht ist dein Zeugnis? Was soll ich nur dazu sagen?

Na, das was du früher auch immer gesagt hast, wenn mir etwas Unerfreuliches widerfahren ist.

Und was habe ich da gesagt?

Hauptsache, du bist gesund, mein Kind. Tochter

Gesund! *(schüttelt den Kopf)* Gesund. Hast du eigentlich heute schon deinen Lebertran eingenommen.

Ja, Mama.

Einen Löffel voll?

Ach, Mama, ich konnte keinen Löffel finden, da habe ich eine Gabel genommen. Du Mama, weißt du eigentlich, wie viel Zahnpasta in einer Tube ist?

Nein, das steht doch sicher auf der Tube. Mutter

Ja, aber da steht das nur in Gramm drauf. Ich weiß jetzt auch, wie viel Meter das sind. Ich habe ganz genau nachgemessen. In einer Tube sind zwei Meter und neunzehn Zentimeter.

Weißt du eigentlich, wo die Oma ist?

Ja, sicher. Die Oma probiert die neue Kühltruhe aus.

Und was hat sie zu der neuen Kühltruhe gesagt?

Nichts, sie sitzt noch drin.

Was, da muss ich ja sofort runter. Und du gehst jetzt ins Bett. *springt entsetzt auf*

Mama, darf ich noch lesen, bis ich einschlafe? *im Rausgehen*

Ja, aber keine Minute länger! *im Rausgehen*

* * *

»Könnt ihr mir mal berühmte Männer nennen, deren Nachnahme mit einem B anfängt?«

»Beckenbauer, Breitner… « war die Antwort von Fritz. »Halt!«, sagt der Lehrer, »hast du nicht mal etwas von Beethoven, Bach, Brandt… gehört?«

»Nein – das müssen Ersatzspieler gewesen sein«, meint der Fritz.

»Klaus, dein Aufsatz ist so miserabel, dass du nach dem Unterricht noch eine Stunde bleiben musst«, sagt die Lehrerin. »Nun, mir ist es egal, was die Leute nachher über uns reden.«

* * *

Der Lehrer spricht über das Leben auf dem Mond:

»Man kann heute schon zum Mond fliegen.
Dort können ganz viele Menschen leben.«

Darauf meint der kleine Fritz: »Das muss aber bei Halbmond ein tolles Gedränge sein!«

* * *

Spruch für einen kleinen Bösewicht

Herr Lehrer, ich bedanke mich
für Ihren schönen Unterricht.
Ich konnte wohl, ich wollte nicht,
ich war ein kleiner Bösewicht
und Sie ein grober Lehrer.

Aus Preußen

* * *

Abschied von der Schule

Hier in diesem Schullokal
sind wir heut zum letzten Mal,
danken für den Unterricht,
aber für die Prügel nicht.

Aus der Schweiz

* * *

Wer in den Ferien für die Schule was tut,
dem geht's doch ganz bestimmt nicht gut.

* * *

Chemieunterricht ist nur dann sinnvoll, wenn dabei auch mal die Schule in die Luft fliegt.

Die Schule ist, das weiß man ja,
in erster Linie dazu da,
den Guten wie den Bösewichtern
den Lehrstoff quasi einzutrichtern;
allein – so ists nun mal hienieden:
Die Geistesgaben sind verschieden.

Mit Löffeln, ja sogar mit Gabeln
frisst Kai die englischen Vokabeln;
Karl-Heinz hat aber erst nach Stunden
die Wurzel aus der Vier gefunden.
Und doch! Karl-Heinz, als dumm verschrien,
wird Chef – und man bewundert ihn,
und Kai, in Uniform gezwängt,
steht an der Drehtür und empfängt
und braucht in Englisch höchstens dies:
»Good morning, Sir!« und manchmal!: »Please!«

Hieraus ersieht der Dümmste klar,
dass der, der »dümmer«, klüger war!

* * *

Lieber aus der Schule laufen als in der Klasse sitzen.

* * *

Der Lehrer fragt in der Deutschstunde: »Was ist falsch an dem Satz, wenn ich sage: Der Ziegenbock und die Kuh ist auf der Weide.« »Die Damen müssen immer zuerst genannt werden.«

Im Physikunterricht macht der Lehrer einen Versuch:
Er füllt ein Reagenzglas mit Wasser und eins mit Alkohol. In jedes tut er einen Wurm. Der Wurm im Alkohol krepiert.

»Was kannst du aus diesem Versuch schließen?« fragt der Lehrer den Max.

»Nun, Herr Lehrer, der Mensch, der viel Alkohol trinkt, hat nie Würmer.«

* * *

Besser sein Pausenbrot essen als den Computer füttern.

* * *

Lieber Unterrichtsausfall als Haarausfall!

* * *

Weg mit den Zeugnissen, man versaut sich den ganzen Tag damit!

* * *

Lieber als Letzter in die Klasse kommen als als Erster drankommen.

* * *

»Könnt ihr mir einen Satz nennen, in dem das Wort ›Verantwortung‹ vorkommt?«

Da meldet sich der Jochen: »Ich habe nur noch einen Knopf an meiner Hose, und der trägt jetzt die ganze Verantwortung.«

* * *

»Karlchen, welche Farbe hat das Wasser?« fragt der Lehrer.
»Eigentlich gar keine. Nur wenn ich meine Füße drin gewaschen habe, dann ist es schwarz!«

* * *

Der Lehrer fragt die Kinder: »Wie hoch ist unsere Schule?« – Strahlend antwortet Jochen: »1,50 Meter!« »Wie kommst du denn darauf?« will der Lehrer wissen. »Nun, – ganz einfach – ich bin 1,65 Meter groß und die Schule steht mir bis zum Hals!«

Max und Moritz?

»Sagt mir, ihr lieben Jungs, geschwind,
wer wohl die beiden Großen sind,
die denen, die reich und bezopft,
erfolgreich auf den Busch geklopft?
Die man seit vorigem Jahrhundert
studiert, versteht, liebt und bewundert?
Die wir durch Wort und Bilder kennen?
Wie mögen sich die beiden nennen?!
Ihr wisst es nicht, ihr dummen Bengels?
Die beiden heißen Marx und …?!?«

Da meldete sich Hänschen Klein:
»Das könn'n nur Marx und Moritz sein!«

* * *

In der Pause, auf dem Schulhof, sagt Fritz zu Claus: »Ich muss mal.« »Ja, dann geh doch«, meint dieser. »Mensch, ich bin doch nicht blöd, ich geh doch nicht jetzt in der Pause!«

* * *

Die Kinder sollen in der Schule malen, was sie werden möchten. Die kleine Susi sitzt und überlegt nur. Schließlich fragt die Lehrerin sie, warum sie nichts malt. Die antwortet: »Ich möchte gerne heiraten und weiß nicht, wie ich das zeichnen soll!«

* * *

In der Schule steht ein kleiner Junge auf und ruft einfach laut: »Tante, ich muss mal!« »Aber Mäxchen«, sagt die Lehrerin, »in diesem Fall hebt man den Finger!« – »Ach nee«, fragt Max erstaunt, »damit geht das auch?«

* * *

Im Biologieunterricht will der Lehrer gerade mit dem Aufklärungsunterricht beginnen. Da fragt der vorlaute Paul: »Herr Lehrer, dürfen diejenigen, die schon was mit Weibern gehabt haben, so lange draußen Fußball spielen?«

Lebenslauf

Bevor wir mit dem Programm beginnen, möchte ich etwas über mich erzählen:

Eigentlich wollte ich heute gar nicht kommen, ich hatte mich nämlich über mich selbst geärgert. Da habe ich mich einfach sitzen gelassen und bin weggegangen. Unterwegs habe ich mich noch einmal angerufen, aber ich war schon weg.

Ich feier heute meinen 90. Geburtstag. Ich bin zwar noch nicht so alt, aber ich denke, was man weg hat, hat man weg.

Als ich geboren wurde, wog ich nur zwei Pfund - können Sie sich das vorstellen? Mit Knochen! – und ich hatte einen Kohldampf. Hatte ja neun Monate nichts gegessen. Als ich auf die Welt kam, war bei uns keiner zu Hause. Auf dem Tisch lag ein Zettel, auf dem stand: »Die Milch steht im Backofen!« Meine Eltern waren gerade auf dem Feld, Kartoffeln holen. Der Acker gehörte uns zwar nicht, aber wir holten unsere Kartoffeln immer dort. Meine Mutter ist eine geborene Eisenbahner, das stand nämlich auf unseren Handtüchern. Mein Vater ist jetzt im Gefängnis wegen seines Glaubens. Er hat geglaubt, die Sparkasse gehörte ihm.

Geplant war ich eigentlich zu Pfingsten, aber ich bin dann erst Heiligabend gekommen. Ich war nicht alle Kinder, die wir hatten, alle zusammen waren wir neun. Wir schliefen alle in einem Zimmer… mit Gasmasken!!! Das Handtuch stand gleich hinter der Tür. Da wir nur ein Bett hatten, war es mit dem Schlafen sehr schwierig. Das erste Kind wurde, wenn es schlief, wieder aus dem Bett genommen und an die Wand gestellt. Dann kam der Nächste an die Reihe usw.

Wir waren eine sehr intelligente Familie. Ein Bruder ist Verwandlungskünstler. Er geht mit einem alten Mantel in ein Cafe und kommt mit einem neuen Mantel wieder heraus.

Außerdem ist unsere Familie sehr musikalisch. Meine Mutter näht auf einer Singer-Nähmaschine, mein Vater ist Pianoträger und einer meiner Brüder ist Sänger. Er sank immer tiefer und tiefer, und jetzt brummt er schon drei Jahre.

Als Christkind kam ich später in der Schule. Ich war die Fleißigste und saß ganz vorne beim Lehrer. Sonst fand ich die Schule blöd. Der Lehrer war sehr dumm, er wollte immer etwas wissen, aber ich habe nichts verraten. Ich war sein Liebling. Die andern mussten in die nächste Klasse, und ich durfte alle Klassen zweimal besuchen.

Einmal fragte mich der Lehrer: »Wie viel ist 20 x 50?« »Das sollten Sie als Lehrer doch wohl wissen«, hab ich gesagt! So war der, wenn er was wissen wollte, fragte er immer mich.

Einmal sagte er: »Nenne mir mal ein paar Haustiere.«
Ich sagte: »Kätzchen, Hündchen, Schweinchen ...«
Da schrie er mich an: »Sag doch nicht immer: ... chen.«
Ich sagte »Kanin ...?« War auch nicht richtig.

Einmal in der Rechenstunde fragte er mich: »Wenn ich dir heute zwei Kaninchen schenke und morgen drei, wie viele hast du dann?« »Sechs«, sagte ich. »Das ist doch falsch – es sind nur fünf.« »Da können Sie sagen, was Sie wollen, ich bleibe bei sechs.« »Ja, wieso denn?« »Ätsch – ich hab schon eins zu Hause!«

Mal haben wir uns was geleistet. Da haben wir ein Schild vor der Schule aufgestellt. »Autofahrer, Achtung! Überfahren Sie keine Kinder – warten Sie auf den Lehrer!«

Manchmal konnte unser Lehrer auch ’nen Spaß machen. Fragt er mich doch im Biologieunterricht: »Könntest du dir was Schlimmeres vorstellen als ’ne Giraffe mit Halsschmerzen?« »Oh ja«, sagte ich, »einen Tausendfüßler mit Hühneraugen.«

Ein anderes Mal fragte er mich: »Weißt du, woher der Strom kommt?« »Aus ’m Urwald«, sage ich. »Wie kommst du darauf?« »Heute hörte ich wie mein Papa zu meiner Mama sagte: ›Haben die Affen doch schon wieder den Strom abgestellt!‹«

In der Rechenstunde fragte mich der Lehrer: »Wenn ihr beim Bäcker 10 Euro Schulden, beim Schlachter 30 Euro und beim Kaufmann 25 Euro Schulden habt, wie viel habt ihr dann zusammen?« Ich antwortete: »Das weiß ich nicht, denn dann ziehen wir nämlich wieder um«.

Nach meiner Schulentlassung kam ich in ein Konsumgeschäft. Die hatten hinter der Ladenkasse immer so doll gebohnert, sodass ich des öfteren ausrutschte und mit meiner Hand genau in die Ladenkasse fiel. Meinem Chef wurde das langsam zu bunt, und da bin ich dann freiwillig gegangen worden.

* * *

Der Mensch

Der Mensch wird schon im ersten Lebensjahr geboren und kommt dann auf die Welt. Der Mensch zerfällt in drei Teile. Der Kopf geht vom Hut bis zum Hals. Dann kommt das Oberteil, das geht bis zum Nabel. Der Nabel ist das kleinste Loch im Bauch, wo man den Dreck immer so schlecht rauskriegen kann.

Und dann kommt das Unterteil, das geht vom Nabel bis auf die Erde. Das Unterteil ist in drei Teile gespalten, die Beine, damit der Mensch gehen kann. Die Beine gehen vom unteren Ende des Rückens bis auf die Absätze.

An den Beinen sind die Füße befestigt, an jedem Fuß fünf Zehen. Also zehn Zehen, wenn man die Beine aneinander hält. An den Armen heißen die Zehen Finger. Inwendig

ist der Mensch hohl, damit Luft rein kann und Essen und Trinken. Der Mensch hat Schönes und Fieses im Bauch.

Das Herz ist was Schönes, die Därme was Fieses.

Man hat dicke und dünne Menschen, auch krumme und welche mit Schweißfüßen. Der Mensch ist über die ganze Welt zersplittert, auch über Amerika.

Die Menschen, die etwas verbrochen haben, sitzen im Kittchen, die anderen laufen frei herum, ich auch.

Es gibt gute und schlechte Menschen, viele schlechte Menschen nennt man Menschengeschlecht. Der Mensch hat allerlei Köppe, Wasserköppe, Dummköppe, Dösköppe, Schafsköppe und Bubiköppe. Wenn der Mensch zwei Köppe hat, nennt man ihn ›Siamesische Zwillinge‹.

Der Mensch hat vier Backen, davon halten sich zwei im Gesicht auf. Alles, was der Mensch zweimal hat, ist an den Seiten befestigt; was er einmal hat, in der Mitte. Der Mensch hat viele Eigenschaften. Wenn man ihn ärgert, ist er grimmig, wenn man ihn kitzelt, muss er lachen, wenn er krank ist, muss er im Bett liegen.

Die Hauptsache am Menschen ist der Kopf. Ohne ihn kann er nichts machen. Darum hat er ihn auch so nötig. Der Teil am Kopf, wo der Mensch mit lauert, wird Ohren oder Löffel genannt. Mittendrin sitzt ein Zinken, der heißt auf hochdeutsch Nase oder Giebel. Auch Chinesen, Indianer und meine Oma werden zu den Menschen gerechnet. Der Mensch stammt von Adam und Eva ab. Einmal hat einer gesagt, dass der Mensch vom Affen abstammt, das ist aber gelogen. Nur die fiesen Menschen stammen vom Affen ab, die guten von Adam und Eva.

Der Mensch kann alles, er kann Häuser bauen, er kann auch die Feuerwehr rufen, wenn es nicht brennt. Dann sucht ihn die Polizei, kann ihn aber nicht finden. Der Mensch kann noch viel mehr. Müllers Fritz, der neben mir sitzt in der Schule, kann auch mit den Ohren wackeln.

Es gibt viele Sorten - nein, zwei Sorten von Menschen: bessere und gewöhnliche. Die besseren fahren Auto, die gewöhnlichen fahren mit der Straßenbahn, und die ganz gewöhnlichen gehen zu Fuß.

Wenn der Mensch groß ist, nimmt er sich eine Frau, die liebt er dann. Er muss dann irgendwo mit ihr hingehen, das nennt man Standesamt, dort bekommt er einen Schein, damit er Kinder kriegen kann, dann ist der Mensch glücklich.

Mehr weiß ich nicht!!!!!

* * *

Der Storch

Der Storch ist ein Vogel.
Und er ist sehr fruchtbar, weil er Fische
und Eidechsen und Mäuse verschlucken tut.
Aber er pflanzt sich nicht durch Junge fort,
sondern bloß durch kleine Babys.
Und dann klappert er vor Freude mit den Zähnen.
Und dann liegt meine Mama zu Bett
und weiß noch gar nicht, warum der Storch sie ins
Bein gebissen hat.
Aber das Baby schreit nach der Lutschbuddel.
Und so vermehrt sich der Storch immer mehr.

Das Dorfschulmeisterlein

Im Kaiserreich stand die Volksbildung ganz unten an, die Dorfschullehrer wurden miserabel bezahlt. Um leben zu können, übten sie noch andere Tätigkeiten aus. In einem Bericht aus Mecklenburg von 1905 heißt es: »Ich kenne einen Lehrer, der war Küster, Standesbeamter, Posthilfsstelleninhaber, Gutssekretär, Feuer-, Lebens-, Hagel- und Haftpflichtversicherungsagent, Vertreter für Fahrräder, Schrotmühlen, Nähmaschinen, Kaffee, Maschinenöl, Bienenzüchter und wurde schließlich noch wegen unbefugten Schänkens mit Strafe belegt.«

Ein unbekannter Lehrer verfasste gegen Ende des 19. Jahrhunderts dieses Lied und wurde daraufhin seines Postens enthoben.

In einem Dorf im Schwabenland,
da lebt, uns allen wohlbekannt,
da wohnt in einem Häuslein klein,
das arme Dorfschulmeisterlein.

Am Sonntag ist er Organist,
am Montag fährt er seinen Mist,
am Dienstag hütet er die Schwein',
das arme Dorfschulmeisterlein.

Am Mittwoch fährt er in die Stadt
und kauft, was er zu kaufen hat,
'nen halben Hering kauft er ein,
das arme Dorfschulmeisterlein.

Am Donnerstag geht er in die Schul'
und legt die Buben über'n Stuhl.
Haut sie so lange, bis sie schrein,
das arme Dorfschulmeisterlein.

Und wenn im Dorfe Hochzeit ist,
dann könnt ihr sehen, wie er frisst.
Was er nicht frisst, das steckt er ein,
das arme Dorfschulmeisterlein.

Und wird im Dorf ein Kind getauft,
dann könnt ihr sehen, wie er sauft.
Elf Halbe schüttet er sich ein,
das arme Dorfschulmeisterlein.

Und wird im Dorf ein Schwein geschlacht't,
dann könnt ihr sehen, wie er lacht.
Die größte Wurst ist ihm zu klein,
dem armen Dorfschulmeisterlein.

Und wird im Dorf ein Haus gebaut,
dann könnt ihr sehen, wie er klaut.
Den größten Balken schleppt er heim,
das arme Dorfschulmeisterlein.

Wo die Liebe kommt ins Haus,
zieht die Klugheit meistens aus.

DIE JUNGE LIEBE

Ein Küsschen in Ehren
wird uns schon nicht vermehren!

* * *

Ein Kuss ohne Bart ist wie eine Suppe ohne Salz.

* * *

Ich denk nicht gern an jenen Kuss
den du mir gabst, Helene.
Denn wenn ich an ihn denken muss,
dann werd ich müd und gähne.

*Heinz Erhardt**

* * *

Den Wein im Glase, ein Mädel im Arm
Das eine macht fröhlich,
das andere hält warm.

* * *

Es gibt Männer – die küssen, als wär's das erste Mal.
Aber auch solche – als wär es das letzte Mal!

* * *

Lieber eine Katze im Sack
als einen kleinen Mann im Ohr!

* * *

Im Frühjahr jede Kuh merkt längst,
dass der Ochse ist kein Hengst!

* * *

Mit den Männern ist es wie mit dem Tee!
Man muss sie manchmal einfach ziehen lassen.

Das richtige Alter

Personen: Ein Ehepaar in mittleren Jahren

Eingangsszene: Der Mann sitzt im Sessel und liest Zeitung, die Frau tritt aufgeregt herein.

Sie *(aufgeregt)* Also Eduard, ich möchte, dass du noch vor dem Abendessen mit deiner Tochter ein energisches Wort sprichst!

Er **Was ist denn schon wieder los?**

Nächste Woche ist Abschlussball in der Tanzschule, und deine Tochter will ein neues Kleid zu dieser Gelegenheit.

Recht hat sie. Kriegt sie auch. Wolltest du nicht ein neues Kleid zum Abschlussball deines Tanzkurses?

Willst du mich bitte ausreden lassen, Eduard. Natürlich soll sie ein neues Kleid bekommen.

Also warum dann die Aufregung?

Willst du mich nun bitte anhören? Aber was für ein Kleid deine Tochter will, das steht hier zur Debatte.

Was will sie denn für ein Kleid?

Stell dir vor, Eduard, sie will ein absolut schulterfreies Kleid.

Ich kann mir vorstellen, dass sie reizend darin aussieht.

Aber Eduard, du musst sie auch noch unterstützen!

Warum soll sie nicht ein schulterfreies Kleid tragen? Sie ist jung, sie ist hübsch und ist gut gewachsen – wenn sie jetzt nicht so etwas tragen kann, später, wenn sie Großmutter ist, ist es nicht mehr passend.

Eduard, ich bewundere oft die kindlichen Grundsätze deiner Erziehung. Ich finde, es ziemt sich nicht, dass Helen jetzt schon mit einem derartigen Kleid zum Ball geht.

Warum denn nicht?

Weil sie noch viel zu jung für etwas Derartiges ist. Denkst du nicht auch?

Tja, tja, da kannst du recht haben … Vielleicht ist sie zu jung, vielleicht aber auch nicht. Ich mache dir einen Vorschlag: Geh mit ihr in eine Boutique und lass sie ein schulterfreies Abendkleid anprobieren. Wenn es oben bleibt, dann ist sie nicht mehr zu jung dafür.

* * *

Der erste Kuss

Die erste große Liebe fängt keusch und zärtlich an.
Man wird sie nie vergessen, denn sie kam ganz spontan.
Beim ersten Kuss erwachte ein großes Glücksgefühl.
Man glaubt, das ist die große Liebe!
Doch ist es oft nur Spiel!
Ein neuer Lebensabschnitt beginnt nun
mit diesem ersten Kuss!
Man spürt jetzt – mit dem »Kindsein«,
da ist es nun wohl Schluss!

Ja, diese erste Liebe
so viel bedeuten kann.
Es kann geschehn, dass diese Liebe
uns den Verstand rauben kann!
Erst schwört man ewige Treue – Jahr für Jahr;
doch bald ist man sich über
und trennt sich dann sogar.

Vorbei sind die Illusionen
vom gemeinsamen großen Glück!
Und in dem jungen Herzen
bleibt Enttäuschung nur zurück.
Man glaubt, man kann's nicht überleben,
doch das ist falsch,
du wirst es sehn!
Denn bald wird es 'ne neue Liebe geben,
und dann ist jeder Kuss auch wieder schön!

Die Tochter steht vor der Haustür. Da ruft die Mutter runter: »Annemarie, was machst du noch so spät da unten?« – »Ich guck mir nur den Mond ein bisschen an.« – »Ja, dann sag deinem Mond mal, dass er das Moped abstellen soll.«

* * *

Ein junger Mann kommt zum Pfarrer. »Sagen Sie, Hochwürden, ist es wirklich eine so große Sünde, wenn wir bei unseren Mädchen schlafen?« »Eigentlich nicht«, schmunzelt der Pfarrer, »aber – ihr Bengels schlaft ja eben nicht!«

* * *

»Du, Mutti, ich bin ja so verliebt«, schwärmt die Tochter. »Mein Claus nennt mich nur noch Mäuschen, Häschen oder Kätzchen.«
»Ach, liebes Kind, diese Sorte Männer kenne ich. Bist du erst verheiratet, werden die Tiere immer größer, z. B. Ziege, Kuh ...«

* * *

Zwei Freunde unterhalten sich auf einem Fest. »Eigentlich wollte ich ja Tina einladen. Aber die wohnt 30 Liter Benzin weiter als Uschi.«

* * *

Ein junger Mann lädt seine Freundin in ein Restaurant ein. Er reicht ihr die Speisekarte. »Such dir aus, was du möchtest, mein Häschen. Die Würstchen stehen auf der Karte unten links.«

* * *

Eine Dame fragt in einem Schuhgeschäft nach einem Paar Schuhe mit flachem Absatz.
»Wozu möchten Sie diese tragen?« »Zu einem kleinen Prokuristen.«

Blumenhochzeit

Ein Blümchen wollte Hochzeit machen
in dem grünen Walde. Fiderallala …

Der freundliche Rhabärber,
der macht den Hochzeitswerber. Fiderallala …

Und Erika, das Heidekraut
war seine junge Herzensbraut. Fiderallala …

Es gingen sittsam hinterdrein
Blauveilchen und Vergissnichtmein. Fiderallala …

Es ward das junge Paar getraut
beim zarten Glockenblumenlaut. Fiderallala …

Man setzte sich zum Hochzeitsmahl,
trank Tau und speiste Sonnenstrahl. Fiderallala …

Der Spargel und der Sellerie,
die machten Witze, aber wie! Fiderallala …

Ach, sprach die Petersilie,
wir sind jetzt 'ne Familie.
Fiderallala …

Dem Lästermaul, dem roten Mohn,
dem saß der Birkwein in der Kron'.
Fiderallala …

Und als es viertel achte war,
verschwand das junge Ehepaar.
Fiderallala …

Da lachten wieder hi-hi-hi
der Spargel und der Sellerie.

Jede Mutter hofft, dass ihre Tochter einen besseren Mann bekommt als sie selber und ihr Sohn eine so gute Frau, wie sein Vater sie bekommen hat.

* * *

Am Anfang einer Ehe ist alles noch so romantisch. Da hört man IHN sagen: »Schätzchen, wo sind denn deine lieben Äugelchen – deine zarten Händchen – dein süßes Popöchen?« Später schreit ER: »Wo sind denn meine Pantoffeln und mein Schnaps?«

* * *

Klein Peter kommt aus der Schule: »Du, Papa, der Lehrer hat uns erzählt, dass die Eingeborenen in Afrika ihre Frauen erst nach der Hochzeit kennen lernen.« »Ja, mein Junge, das ist aber nicht nur in Afrika so.«

EHEFREUD UND -LEID

Claus fragt den Bruder: »Du, warum heißt es eigentlich ›Muttersprache‹?« »Weil Vater eben nichts zu sagen hat.«

* * *

Das kleine Töchterchen beguckt sich ein Fotoalbum und fragt die Mutter: »Sag mal, wer ist denn dieser dunkelhaarige, schicke Mann?« »Das ist dein Vater«, erklärte die Mutter. »Ja, aber wer ist dann der glatzköpfige dicke Mann, der jetzt bei uns wohnt?«

* * *

Ein Mann warf einmal in einem Wutanfall den Pelzmantel seiner Frau die Treppen herunter! Er vergaß allerdings, dass sie noch drin steckte.

* * *

Frauen unter sich: »Ich habe mir meinen Pelzmantel regelrecht vom Munde abgespart. Habe nämlich meinem Mann das Rauchen abgewöhnt.«

Geistige Waffen

Bei Jochen Bach war Ehekrach.
Die Frau, die floh mit Weh und Ach
zum Pfarrer eiligst in Galoschen,
dieweil ihr Gatte sie verdroschen.
Der Pfarrer nahm sie an die Hand,
sprach was »vom Glück im Ehestand«,
und dass man unter Eheleuten
sich sollte möglichst niemals streiten.
Dann machte er sich auf den Weg
zu Jochen Bach am Katzensteg,
der ihn empfing mit frohem Lachen.
»Na, Jochen, was sind das für Sachen,
die ich von deiner Frau vernahm,
die eben heulend zu mir kam?
Du hast gelästert und gepöbelt
und hinterher sie gar vermöbelt?
Das tut man doch nicht, Jochen Bach!
Und gibt es wirklich einmal Krach,
dann muss man sich zusammenraffen,
und schlagen nur mit geist'gen Waffen.«
Der Jochen grinst den Pfarrer an:
»Das hab' ich ja doch auch getan.
Ich schlug ihr, weil sie unverfroren,
nur Goethes Werk um die Ohren.«

* * *

Die Ehefrau hat Geburtstag. Da fragt ihr Mann sie: »Möchtest du einen Persianermantel oder eine Reise nach Schweden?« Sie überlegt eine Weile und meint dann raffiniert: »Du, ich habe gehört, dass Persianer in Schweden so günstig sind.«

* * *

Am Stammtisch wird über die Frauen »geplaudert«. Da sagt ein Stammgast: »Meine Frau darf sich zum Geburtstag immer wünschen, was sie will.« »Und was will sie?« fragt ein Stammtischbruder. »Seit 15 Jahren ein Nerzmantel!«

Nach der Scheidung beklagt sich die Ehefrau bei ihrer Freundin:
»Der Scheidungsrichter war aber ungerecht. Er hat meinem Mann die Kinder zugesprochen, und dabei sind sie gar nicht von ihm.«

* * *

Ein dicker Ehemann fragt mal einen dünnen Junggesellen: »Wie kommt es, dass du so dünn bist?«
Die Antwort: »Komm ich abends nach Haus, schau ich in den Kühlschrank. Meistens ist nichts drin. Dann geh ich eben ins Bett. Und warum bist du so dick?«
Die Antwort: »Komme ich nach Haus, guck ich ins Bett. Ist nichts Vernünftiges drin, geh ich eben zum Kühlschrank.«

* * *

Eine Dame hat sich einen knallroten Hut gekauft. Als ihr Mann diesen sieht, sagt er:
»Dein roter Hut kann ja einen Ochsen wild machen.«
Pikiert antwortet sie: »Und da bleibst du so ruhig?«

* * *

Der Vater bekommt einen »blauen Brief« vom Lehrer, worin steht: »Ihre Tochter schwatzt so viel.« Der Vater schickt den Brief zurück und schreibt darunter:
»Da müssen Sie erst mal die Mutter kennen lernen!«

* * *

Ein Mann gibt den Frauen folgenden Rat: »Wir möchten unsere Frauen gerne auf Händen tragen, aber sie sollten darauf achten, dass sie nie mehr als 60 Kilo wiegen – das wäre evtl. gerade noch zu schaffen!«

* * *

Zwei Freunde treffen sich: »Du, es gibt jetzt etwas Neues für Herren. Es gibt nämlich knopflose Oberhemden.« – »Das ist aber nichts Neues. Das kenne ich schon, seitdem ich verheiratet bin.«

* * *

»Angeklagter, wo waren Sie Samstagnacht?« »Warum wollen Sie das wissen? Sie fragen ja schon wie meine Frau.«

Gute Nacht, Adele!

Es fuhr mit viel Geschäftsinteresse
der Chef, Herr Schmidt, zur Kölner Messe,
doch nahm besagter Kaufmann Schmidt
auch seine Sekretärin mit.

Die beiden hatten sich die Stände
und auch das Messefreigelände
am Deutzer Ufer angesehn
und wandten sich, nach Köln zu gehen.

Sie aßen gut und nicht zu teuer
im alten Stadtlokal bei Meuer
und gingen dann ganz offiziell
als Ehepaar ins Domhotel ...

Der Mondschein drang mit seinem Schimmer
in das besagte Doppelzimmer,
als Kaufmann Schmidt, der gerne trank,
ermüdet auf sein Lager sank.

Die Sekretärin lag in Seide
zu Schmidts und auch zu ihrer Freude
vergnüglich, sauber und adrett
im herrlich breiten Nachbarbett.

Da sagte Schmidt, um anzubandeln:
»Wie soll ich dich, mein Kind, behandeln?
Ja, überleg dir das genau,
als Sekretärin ... oder Frau?«

»Als deine Frau«, rief sie verwegen,
hob kurz den Blick und ward verlegen.
Da sagte Schmidt: »Du gute Seele,
dann schlaf auch schön, gut Nacht, Adele!«

Herr Meyer

»Ich spiele heut mit Mayer Skat«,
so sagte ihr der Gatte,
obwohl er mit der Tänzerin
ein Rendezvouschen hatte.

Nach Hause kam er früh um drei.
Er sagte, als sie grollte:
»Weil Meyer erst zu viel verlor
und weiter spielen wollte!«
»So, so, mit Meyer spieltest du?!«
Und da sie weiter schmollte,
Gab er ihr gleich sein Ehrenwort,
weil sie es haben wollte.

Was will ein armer Ehemann
in solchem Falle machen?
Gibt er es nicht, ist er erwischt
und hat dann nichts zu lachen.
Das kleine gab er insgeheim,
so fordert es der Friede,
fürs große war er früh um drei
natürlich viel zu müde.

Da machte sie das Zimmer auf
und drin saß sein Freund Meyer;
ihm war es in dem Augenblick,
als trüg er einen Schleier.
Sie sprach etwas von Ehrenwort,
von Lump und nicht genieren;
»Ich bat Herrn Meyer her zu mir,
um dich zu überführen!«

»Na, du bist gut«, begann er dann,
schon fühlte er sich freier,
»glaubst du, es gibt in dieser Stadt
nur diesen einen Meyer?
Ja, diesen Meyer mein ich nicht!
Du solltest dich was schämen,
von deinem eignen Ehemann
das Schlimmste anzunehmen!«

Geknickt sah sie ihr Unrecht ein.
Es gab Versöhnungsfeier.
O Ehemann, spielst du jemals Skat,
spiel immer nur mit Meyer!

* * *

Viele Männer können nicht in Frieden leben,
weil die hübsche Nachbarin ihnen so gut gefällt.

EHEJUBILÄEN

Es gibt ein Alter in dem eine Frau schön sein muss,
um geliebt zu werden.
Und dann kommt das Alter, in dem sie
geliebt werden muss, um schön zu sein.

Und als der Großvater die Großmutter nahm
da war der Großvater ein Bräutigam,
und die Großmutter war eine Braut.
Da wurden sie beide miteinander getraut.

Volksgut

Ein Hundeleben – seit 50 Jahren!

Für ein altes Ehepaar, das seinen Humor bewahrt hat und sich auch nach 50 Ehejahren noch gut versteht.

Man berichtet hinter vorgehaltenen Händen, man flüstert es sich zu, liebes Goldpaar, eure langjährige Ehe sei ein richtiges Hundeleben gewesen für den verehrten Ehegemahl, und dieses Hundeleben halte tagtäglich weiter an.

Ja, ihr habt richtig gehört, verehrte Gäste, verehrtes Jubelpaar. Seit fünfzig Jahren wirst du, lieber Heinz, von deiner Annemarie wie ein Hund gehalten.

Man sagt sich, sie nimmt dich Tag für Tag auf ihren Schoß, sie krault dich hinter den Ohren, streichelt dich, drückt dich an sich und herzt und küsst dich. So geht das von früh bis spät, und es gelingt dir armem Hund kaum, sich ihrer Liebe und Fürsorge zu entziehen. Nachts musst du sogar neben ihr im Bett schlafen, und sie stört sich nicht dran, wenn du mal schmutzige Pfoten hast. Hauptsache ist, du liegst recht nah neben ihr, um sie zu wärmen.

Nur selten lässt sie dich allein fortgehen. Sie meint, es gebe halt zu viele Eckkneipen, wo du heimlich herumschnüffeln könntest. Das hat sie gar nicht gern. So führt dich dein liebes Frauchen viel lieber an der langen Leine aus. Du kannst nichts dagegen unternehmen. Sie zerrt dich durch den Stadtpark, durch die grüne Lunge unserer Stadt, und du musst immer schön bei Fuß gehen. Auf dem grünen Rasen herumtollen oder gar am Getränkekiosk stehen bleiben, das gibt es bei ihr nicht. Du darfst auch keinen Blick auf die schönen Mädchen im Park oder am Badestrand werfen. Nein, immer schön auf dem Kiesweg bleiben! Dein Frauchen lässt dich nicht eine Minute aus den Augen.

Dafür gibt sie dir aber auch alle ihre Zuwendung. Wenn du mal vom Regen nass geworden bist, rubbelt sie dir mit einem weichen Handtuch deinen schon etwas dünn gewordenen Haarschopf wieder trocken. Und weil dich dein Frauchen liebt, darfst du dich im Sessel oder auf dem Sofa ausruhen. Dort darfst du dich langlegen und alle viere von dir strecken. Sie krault dich dann ein bisschen, weil du das angeblich so gern hast.

Du führst wirklich bei ihr ein richtiges Hundeleben. Aber du beklagst dich nicht. Fünfzig Jahre lang hast du diesen, für dich eigentlich durchaus angenehmen Zustand schon ertragen. Wenn die Gesundheit mitspielt, was wir alle hoffen wollen, möchtest du dieses schöne Leben mit deinem Frauchen zusammen auch noch für ein paar Jährchen weiterhin ertragen; wenn es möglich ist, gar noch ein Jahrzehnt oder mehr.

Du hast viel, viel Geduld mit deinem lieben Frauchen bewiesen. Wenn es sein muss, gehorchst du ihr aufs Wort. Nur selten sollst du geknurrt oder ihr gar die Zähne gezeigt haben. Und gebissen habt ihr euch auch noch nie. Halte weiter in Treue zu deinem Frauchen, lieber Heinz. Sie wird es dir mit viel Liebe und mit ständiger Sorge um dein Wohlergehen vergelten.

Macht weiter so, alle beide. Nehmt mir meine launige Rede nicht übel, sondern nehmt euch an der Hand und wandert mutig gemeinsam in den Abend eures schönen und erfüllten Lebens hinein!

Was Frauen haben und nicht haben:
Jede Frau hat:
den treuesten Mann,
die intelligentesten Kinder,
die besten Kochrezepte,
die billigsten Einkaufsquellen,
aber sie hat – nichts anzuziehen!

DIE MODE IST EIN SELTSAMES SPIEL

Das Feigenblatt

Als Gott der Herr die Welt erschuf
in knappen fünf, sechs Tagen,
sprach er am siebten: »Nun ists gut,
will mich nicht länger plagen!«

Er hat an alles wohl gedacht
bei seiner Allmacht Güte,
vom größten Dinosaurier
bis zu der kleinsten Blüte.

Nur eines war entgangen ihm
bei seines Werkes Fülle:
er schuf den Adam, schuf sein Weib –
ganz nackend, ohne Hülle!

Das war dem Adam so ganz recht,
macht sich nicht viel Gedanken.
Jedoch Frau Eva fehlte was,
so um den Leib, den schlanken!

Das konnt der Adam nicht verstehn.
»Wozu brauchst du denn Kleider?
Ich find dich grade so recht schön«,
sprach er – und lachte heiter!

Jedoch aus Evas Hand entstand
die erste Modenschau:
ein Feigenblättchen schick und rank
war das Modell genau.

Das war dem Adam neu
und neu auch sein Interesse,
er liebte sie noch mal so heiß
wie eine Delikatesse!

Und die Moral von der Geschicht?
Ich will sie euch verkünden:
Wollt halten ihr den Mann,
müsst Neues ihr erfinden!

* * *

Der Ehemann sagt zu seiner Frau: »Du kannst das Geld für ein neues Kleid sparen. Hier in der Zeitung steht, dass Frauen die Kleider wieder länger tragen.«

* * *

Eine Kundin fragt die Verkäuferin eines Kaufhauses:
»Haben Sie etwas Hübsches, das zu meinem Gesicht passt?«
»Faltenröcke gibts im dritten Stock«, war die Antwort.

* * *

Manchem Manne wär es lieber,
seine Frau, die süße Last,
würde nicht vom Modefieber,
das so oft grassiert, erfasst.
Wer dies wünscht, gibt zu verstehen,
dass er nichts von Frau'n versteht.
Lass sie mit der Mode gehen,
schon – damit's dir besser geht.

Modelied

Diese Liederfolge zu bekannten Melodien ist seit vielen Jahren mein größter Publikumserfolg – nicht allein bei Modenschauen! Die Melodien sind alle bekannt, und es werden immer nur einige Anfangstakte gesungen. Ich bin beim Singen im Publikum umhergegangen und habe mich selbst auf der Gitarre begleitet. Wer das nicht kann, braucht eine einfühlsame Band, mit der er die Tempo- und Melodienwechsel gut proben sollte.

Melodie:
Die Liebe ist ein seltsames Spiel

Die Mode ist ein seltsames Spiel!
Sie ändert sich von einem Jahr zum andern.
Doch für die Damenwelt, da ist es nie zu viel.
Die Mode ist ein seltsames Spiel.

Melodie:
Es hängt ein Pferdehalfter an der Wand

Es hängt ein Kleid im Fenster an der Wand.
Es war ein Kleid, wie man kein schönres fand.
Darum eilt sie in den Laden rein:
»Fräulein, dieses Kleid hier soll es sein.«

Melodie:
Ich küsse Ihre Hand, Madame

»Es tut mir furchtbar leid, Madame,
dies Kleid ist nichts für Sie.
Denn Ihre Taille ist zu stramm, Madame,
so sehr ich auch dran zieh!
Es tut mir wirklich leid, Madame,
sehn Sie es bitte ein!
Ich sag es ungeniert, Madame,
dies Kleid hier sehr markiert. Madame,
bevor nun platzt die Naht, Madame,
hör'n Sie auf meinen Rat!

Melodie:
Ein Schiff wird kommen

Ein Schnitt wird kommen,
schon in den nächsten Tagen,
den können Sie auch tragen,
denn der ist weit genug.
Doch um dies Kleid hier
wär es doch wirklich schade.
Warum denn dieses grade?
Andre gibt's noch genug.«

Nun wird die Kundin ärgerlich!

Diese Zeile wird gesprochen

»Packen Sie dies Kleid mir ein,
denn nur dieses soll es sein.
Keine andre soll es tragen.
Und nun dann aus dem Laden raus,
und im Laufschritt schnell nach Haus!
Ach, was wird mein Männe sagen!«

Melodie: Pack die Badehose ein

Und zu Hause angekommen
wird dann ausgepackt das Kleid.
Und der Mann ist ganz benommen,
und er denkt: »Du liebe Zeit!«
»Hollahi, hollaho,
ach, wie ist mein liebes Männchen doch so froh!«

Melodie: Eine Seefahrt, die ist lustig

Und sie eilt - und sie eilt in ihr Kämmerlein.
Und da zwängt sie sich in das Kleid hinein.
Plötzlich dringt aus der Kammer ein Wehgeschrei,
und der Gatte eilt herbei.

Melodie: Nimm mich mit, nimm mich mit, in dein Kämmerlein

»Männe ruck, ruck, ruck an meinem Reißverschlusse.
Die Taille ist zu stramm, - doch rein ich musse ...

Melodie: Mädel ruck, ruck, ruck an meine grüne Seite

Halt, ich krieg doch keine Luft, Luft, Luft!
Zieh nicht so brutal, du Schuft, Schuft, Schuft.
Meine Luft, die ist verpufft, -pufft, -pufft -
Halt, ich krieg doch keine Luft!«

schnell weiter mit der Melodie: Das ist die Berliner Luft, Luft, Luft

»Du wolltest nie mehr auseinander gehn!
Halt nur die Luft an, und dann wird's schon gehn.
Das Kleid ist wunderschön, siehst aus wie die Loren,
Ich habe dich noch nie so schön gesehn!«

Melodie: Wir wollen nie mehr auseinander gehn

Die Mode ist ein seltsames Spiel!
Sie ändert sich von einem Jahr zum andern.
Doch für die Damenwelt, da ist es nie zu viel.
Die Mode ist ein seltsames Spiel.

Noch einmal die Melodie: Die Liebe ist ein seltsames Spiel

Ja, ja, die Mode!

Eine Frau gern widerspricht,
nur in puncto Mode nicht!
Was die Mode uns diktiert,
wird kommentarlos akzeptiert!
Oft ist sie von der Mode erst geschockt – doch dann
zieht sie ganz stolz »das Neue« an.
Eine Frau ist eben gern
schick gekleidet und modern!

Im Januar, im Winter schon
erscheint die Sommerkollektion.
Die Boutiquen dekorieren
sommerlich; da kriegt man's Frieren.
Die Frau, sie guckt in ihren Schrank,
dort hängen Röcke, weit und lang.
Eigentlich sind sie ja noch modern,
doch welche Frau trägt »alte Klamotten« gern!

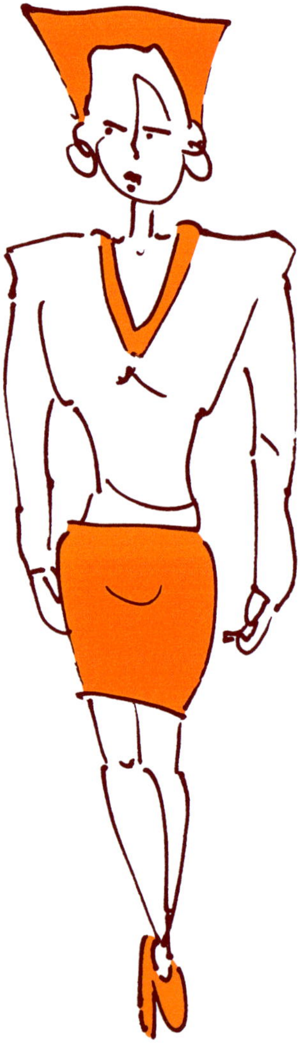

Die Blusen mit dem altmodischen Kragen
kann sie in diesem Jahr doch nicht mehr tragen.
Einen völlig neuen Schnitt haben diese Blusen,
man trägt sie jetzt weiter überm Busen.
Und ihre diversen Hosen. diese alten,
die einst als schick und modisch galten,
gehören der Vergangenheit:
Heut trägt man sie bequem und weit!

Selbst wenn es sich um Farben handelt,
der Trend hat sich doch sehr gewandelt.
Die Farben, die einst sehr gefragt,
sind dieses Jahr nicht angesagt.

Mal trägt man Kleider sehr leger,
Figur spielt keine Rolle mehr.
Dann wird die Taille wieder betont,
bleibt man von der Diätkur nicht verschont.

Ja, die Mode wechselt hin und her,
und das Geld, das reicht dann oft nicht mehr.
Gedankenvoll sitzt nun die Frau zu Haus
und rechnet sich im Stillen aus,
wie viel sie braucht für den letzten Modeschrei,
so ganz wohl ist ihr sicher nicht dabei.
Denn es erhebt sich nun die Frage,
wann und wie sie's ihrem Mann wohl sage.

»Mein Liebling, ach, ich liebe dich.
Mein Schatz, ich bin so stolz auf dich.«
Mürrisch guckt darauf der Ehemann
ahnungsvoll sein liebes Frauchen an:
»Roswitha, sag, du machst mit mir 'nen Spaß.
Ich seh dirs an, du willst doch was?
Wie teuer wirds denn diesmal sein?
Du weißt doch, ich sag selten Nein.«
Dann nennt den Preis sie – leicht und locker.
Der haut den armen Mann total vom Hocker!

* * *

Gute Kleidung macht so sicher
wie ein dickes Bankkonto.

* * *

Der Mensch wird leider
gewürdigt erst durch seine Kleider.
So war es einst, so ist es heute,
ja, Kleider machen erst die Leute!

Wilhelm Busch

Volksmund — Wie man kommt gegangen, so wird man auch empfangen!

* * *

Eine Frau sollte mehr Geld für Eleganz ausgeben und weniger Geld für Kleidung. — *Coco Chanel*

* * *

Wissen Sie, wer die hohen Absätze erfunden hat?
Es war eine kleine Frau, die es satt hatte, immer auf die Stirn geküsst zu werden.

* * *

Die Eitelkeit besteht aus Komplimenten, die man sich selber macht!

* * *

Man sollte immer daran denken: Zu einer eleganten Frau passt alles – nur kein armer Mann.

* * *

Der Spiegel ist der Beichtvater, der den Mund hält.

KOSMETIK MUSS SEIN

Im Dienste der Schönheit

Ach, es ist nicht auszuhalten –
wo man hinsieht, nichts als Falten!
Mit den Cremes und mit den Wässern
lässt sich da nicht viel verbessern,
spricht auch die Kosmetikdame
anders wegen der Reklame.

Vitamin- und Knoblauchpillen,
Kontaktlinsen, neue Brillen,
die Frisur mit rotem Schimmer,
allerneuste Mode immer –
alles hab ich schon probiert,
nichts hat zum Erfolg geführt.

Glatt und rund ists – was mich stört –
nur dort, wo's nicht hingehört.
Auf den Hüften sitzt der Speck,
und das Doppelkinn müsst weg!
Fasten ist die letzte Rettung
vor der unheilvolln Verkettung.

Morgens gibt es Haferschleim,
abends Wasser anstatt Wein;
Salat-, Obst- und Jogurttage –
stur und starr verharrt die Waage.
Ja, mein letzter Hoffnungsschein
wird wohl die Gymnastik sein.

Schlepp mich hin mit letzter Kraft.
Ob die Leibesübung schafft,
dass die einst'ge Jugendblüte
sich zu mir zurückbemühte?
Ich renne, turne, stemm Gewicht,
doch schöner werd ich davon nicht.

Die Nerven sind nun sehr erschüttert
und die Laune recht verbittert.
Doch was hilfts, zu resignieren?
Ich muss den Kampf wohl weiterführen!
Denn es ist nicht auszuhalten:
Wo man hinsieht, nichts als Falten!

Schönheit

Die Welt, du weißt's, beurteilt dich,
schnöd wie sie ist, nur äußerlich.
Drum, weil sie nicht aufs Innere schaut,
pfleg du auch deine heile Haut,
dass Wohlgefallen du erregst,
wo du sie auch zu Markte trägst.
Die Zeitung zeigt dir leicht die Wege
durch angepriesene Schönheitspflege.
Durch Wasser besser als mit Messer
hilft dir ein USA-Professor,
Und ein Versandgeschäft im Harze
hat Mittel gegen Grind und Warze
und bietet dir für ein paar Nickel
die beste Salbe gegen Pickel.
Sie macht die Haut besonders zart,
ist gut auch gegen Damenbart
und ist, verändert kaum im Titel,
auch ein erprobtes Haarwuchsmittel,
soll gegen rote Hände taugen
und glanzbefeuern deine Augen
und wird verwendet ohne Schaden
bei Kropf und bei zu dicken Waden.
Ist aber andrerseits bereit,
zu helfen gegen Magerkeit,
und ist, auf Ehre, fest entschlossen,
zu bleichen deine Sommersprossen.
Sie wird sich weiterhin entpuppen
als Mittel gegen Flechten, Schuppen,
ist, was besonders angenehm
für Frauen, gut als Büstencreme
verwendbar, und zwar, wie man wolle,
für schwache Brust und übervolle.
Sofern du Glauben schenkst dem Frechen,
hast nichts zu tun du als zu blechen.
Die Salbe selbst wird, nachgenommen,
und wohntest du am Nordpol, kommen.

Mein Arzt hatte mir mal Gymnastik empfohlen. Er meinte aber nur »Kopfschütteln«.
»Immer wenn man Ihnen ein Stück Torte oder Schweinebraten anbietet, schütteln Sie mit dem Kopf.«
Das hat nicht viel gebracht.
Ich esse jetzt meine Hühnersuppe mit Stäbchen. Das ist gut, aber sehr mühsam!

* * *

Zwei Nullen treffen in der Wüste eine Acht. Da sagt die eine Null: »Sieh mal, wie die sich geschnürt hat!«

* * *

Übrigens: Nette Ehepaare stellen sich zusammen auf die Waage und halbieren das Ergebnis.

* * *

Alte Brötchen, saure Weine,
ein Salatblatt auf die Beine.
Hunger nagt im Magen-Sektor,
und es knurrt – wie draußen Hektor!
Will nicht mehr gesund und schlank sein!
Will dann lieber dick und krank sein!
Kehrt zurück, ihr großen fetten
Schnitzel oder Schweinskotletten
und auch ihr, ihr Leibbeschwerden!
Bin es satt, nie satt zu werden!

Eine Nachbarin wird gefragt: »War Ihr Mann eigentlich auch vollschlank?«
»Nein, der war sehr schlank. Er aß immer dann nicht, wenn ich sprach! Dadurch hat er nie zugenommen.«

* * *

Männer haben oft einen dicken Bauch. Gerade sie vergessen, dass sie dort, wo früher eine Baulücke war, jetzt auch ein ganz schönes Eigenheim ist.

* * *

Sehnsuchtswunsch einer Dicken

Ich möcht so gerne Fernsehfunken,
doch regt mich eines dabei auf,
ob Sie nun über mich auch unken,
ich geh' nicht auf den Bildschirm rauf.
Selbst perspektivisch mich zu schießen,
wie man bei Fernsehfunkern spricht,
muss jede Kamera verdrießen,
weil mich kein Objektiv erwischt.
Das ist die Tragik meines Lebens,
ick bin zu dick und sehne mich vergebens.

Ich habs versucht mit Schwarzem, fummlig,
denn schwarz macht schlank, doch in der Tat,
da sah ich aus - noch einmal so pummlig,
wie'n Hefekloß im Schokoladenbad.
Man ließ aus Mitleid mich probieren,
da hörte ich von nebenan,
als ich ins Blickfeld tat spazieren,
jetzt komm'n die Elefanten dran.
Das ist die Tragik meines Lebens,
ick bin zu dick und sehne mich vergebens.

Was hab ich Kohldampf bloß geschoben,
doch das half auch nur kurze Zeit.
Ich wurde dünner wohl hier oben,
doch untenrum noch mal so breit.
Und dabei spielte ich 'ne Elfe

mit Hüpferei wie'n Federball.
Ich trampelte wie eine Zwölfe
und brachte alles rings zu Fall.
Das ist die Tragik meines Lebens,
ick bin zu dick und sehne mich vergebens.

Man sagte mir, dass ich Talent hätt,
doch's Studio wär' dafür zu klein.
Ich würde, weil ich eminent fett,
wohl passender für'n Zirkus sein.
Ich hoffe nur, 's wird sich verbessern
die Größe von dem Bildschirm nun,
dann kann ich doch noch fernsehfunken
und mir dabei recht dicke tun.

* * *

Ach, die Pfunde …

Ach, die Pfunde, die verhassten,
sind jetzt wieder ein Problem!
Um den Körper zu entlasten,
steht vor mir das große Fasten
locker oder mit System,
aber immer unbequem.

So nur kann ich länger leben,
macht mir Onkel Doktor klar:
Nicht den Lüsten mich ergeben.
Körner essen, keinen heben –
machst du diesen Vorsatz wahr,
dann fühlst du dich wunderbar.

Doch die Kur stimmt mich nicht heiter,
denn ich bin so gern zu Gast!
Darum find ich es gescheiter,
ich mach meine Röcke weiter,
und wenn er mir eben passt,
wird statt fasten mal geprasst.

Unter Freundinnen

Personen: Zwei beleibte Damen, A und B

Eingangsszene: A und B sitzen am Tisch, blättern in Illustrierten und essen Torte.

Dame A — Nimmst du die Abmagerungskur sehr ernst?

Dame B — **Und ob – ich lese nicht einmal mehr das Fettgedruckte in der Zeitung!**

Uns Dicken will man immer sagen, was wir nicht essen sollten.

Den Dünnen sollte man empfehlen, Backpulver zu essen.

Übrigens finde ich die Gewichtstabelle auch nicht immer ganz richtig. Ich habe ausgerechnet, dass ich bei meinem Gewicht 2,58 m groß sein müsste! Das ist doch unmöglich!?!

gedankenvoll in der Torte stochernd — **Ein Arzt hat einmal gesagt: »Der Mensch isst viel-viel-viel-zu-viel. Er lebt von einem Viertel dessen, was er zu sich nimmt, von den restlichen drei Vierteln leben die Ärzte!**

stolz — Mein Mann sagte kürzlich: ›Ich finde bei dir ein Kilo schöner als das andere!‹ Ist das nicht süß?

weise seufzend — **Dick macht nicht das, was man von Weihnachten bis Neujahr isst, sondern was man von Neujahr bis Weihnachten isst.**

Ach was. Neulich habe ich mir ein Kleid in Größe 46 ausgesucht. »Dieses Kleid ist toll«, sagte ich zur Verkäuferin, »bitte geben Sie es mir aber in Größe 50.« – »Aber warum das denn?« fragte sie. Und ich: »Es muss ganz salopp sitzen. Mein Mann soll denken, dass ich abgenommen habe.«

Und dabei gibt es viele »schicke Dicke«! Sie sehen wohlhabend, kapitalkräftig und kreditwürdig aus.

Ja, allen, die Figurprobleme haben, müsste man sagen: Ist die Figur erst ruiniert, lebt sichs völlig ungeniert. *(Sie nicken sich zu und essen gemütlich weiter.)*

Kleider-Frühling

Wenns lenzt, dann haben Frauen leider
so gut wie nichts im Schrank.
Sie brauchen dringend neue Kleider.
Falls eine nicht – ist sie wohl krank.

Wenn's Frühling wird, vergesst ja nicht die Männer,
auch sie brauchen jetzt was anzuzieh'n.
»Du läufst schon rum – fast wie ein Penner«,
sprach sie – und in den Laden schleppt sie ihn.

Ja, neue Kleidung einzukaufen,
das tun die Frauen liebend gern!
Doch finden es zum Haarausraufen
und äußerst lästig manche Herrn!

Was »Sie« genießt in vollen Zügen,
»Er« tuts nur unter sanften Zwang.
»Sie« will – ihr ist es ein Vergnügen.
»Er« muss – doch wartet er möglichst lang!

So wars wohl schon im Garten Eden:
Die Eva nahm das Feigenblatt.
Doch musst sie Adam überreden,
wie man sich zu bekleiden hat.

Wirklich, er war unentbehrlich!
Überall, wo was geschah
zu dem Wohle der Gemeinde,
er war tätig, er war da.

Schützenfest, Kasinobälle,
Pferderennen, Preisgericht,
Liedertafel, Spritzenprobe,
ohne ihn, da ging es nicht.

Ohne ihn war nichts zu machen,
keine Stunde hatt er frei.
Gestern, als sie ihn begruben,
war er richtig auch dabei.

Wilhelm Busch

DER MANN AN SICH

Das Leben in Kurzfassung

Ach, was sind wir dumme Leute!
Wir genießen nie das Heute.
Unser ganzes Erdenleben
ist ein Hetzen und ein Streben,
ist ein Bangen und ein Sorgen
heute denken wir an morgen,
morgen an die nächste Zeit,
und kein Mensch genießt das Heut!
Auf des Lebens Stufenleiter
steigt man weiter, immer weiter!

Schon der Knabe in der Schule
sitzt nervös auf seinem Stuhle.
Von der Fibel wird ihm übel.
Nur mit Sträuben lernt er schreiben,
und am liebsten möcht er raus
aus dem schönen Elternhaus,
denn er meint, das wär gescheiter -
und so weiter und so weiter.

Kommt er eben in die Lehre,
denkt die halberwachsene Göre:
Wäre ich doch bloß schon weiter
oder gar beim Militär!
Aber ist er erst Rekrute,
hei, wie wird ihm da zu Mute!
Ja dann pfeift er andere Lieder:
Nach der Heimat möcht ich wieder,
oder wär ich schon Gefreiter -
und so weiter und so weiter.

Kommt vom Militär er eben,
denkt er schon ans Eheleben!
Und in einem Balllokal
sieht er sie zum ersten Mal.

Dann am Abend führt er 's Liebchen
schon nach Haus bis vor ihr Stübchen.
Hold errötend spricht die Maid:
»Junger Mann, Sie gehn zu weit!«
Er meint: »Das ist nicht gefährlich,
wirst mein Frauchen, treu und ehrlich«,
und dann küsst er's Mägdelein:
»In sechs Wochen bist du mein.«
Und sie seufzet froh und heiter:
»Küsse weiter, immer weiter!«

Und nun zählt er die Sekunden,
bis man ihn mit ihr verbunden.
Ist das nicht ein toller Einfall?
Hats nicht Zeit mit solchem Reinfall!
Er nimmt die geknickte Lilie,
bald vermehrt sich die Familie,
und in Bälde wiegt er schon
auf dem Schoß den ersten Sohn.
Erst kommt einer, dann ein zweiter -
und so weiter und so weiter.

Jetzt beginnen erst die Plagen.
Oft hört man die Eltern sagen:
»Wenn die Kinder bloß erst groß sind,
wenn wir erst die Sorgen los sind,
dann strahlt uns das Leben heiter.«
Und sie schaffen rüstig weiter,
lassen im Vorübergehn
ihres Lebens Rosen stehn.
Pflücken tausend Guldenkräuter -
und so weiter und so weiter.

So gehts Leben wie ein Traum,
und die Eltern merkens kaum.
Erst verheiraten sie 's Mariechen,
dann verlobt sich das Sofiechen,
jetzt kommt Werner zur Marine,
nun lernt Englisch die Pauline,
dann macht Wilhelm das Examen,
dann komm'n noch zwei junge Damen,
eine vierzehn, eine sechzehn -
das kost't Kleider, Hüte, Schürzen,
um sie würdig auszustatten
für den künft'gen Herrn und Gatten.

Niemals weiß man, wo man dran ist,
nie gibts Ruhe, niemals Frieden.
Wenn die eine an den Mann ist,
ist die andere schon geschieden,
wenn die Jüngste noch zu haben,

kriegt die Ältste schon ’nen Knaben.
Erst kommt einer, dann ein zweiter –
und so weiter und so weiter.

So vergehen nun die Jahre,
Großpapa kriegt weiße Haare,
und der Mondschein zieht sich breiter,
immer weiter, immer weiter.
»Ach, wir waren blind«, so klagt er,
und zu seinem Enkel sagt er:
»Nütz den Frühling deines Lebens,
leb im Sommer nicht vergebens,
denn gar bald stehst du im Herbste,
und wenns Winter wird, dann sterbste.
Und die Welt geht trotzdem weiter,
immer weiter, immer weiter.«

* * *

Ein Junge will vom Weihnachtsmann
am liebsten einen Hampelmann.
Die Mädchen – anders als die Knaben.
Sie möchten gern ein Püppchen haben.

Wenn beide groß und aufgeklärt,
ist das Verhältnis umgekehrt!
Ein Püppchen suchen sich die Knaben,
’nen Hampelmann wollen die Mädchen haben.

Sie halten ihn am Bande fest,
wo man ihn ruhig zappeln lässt.
Wenn er ’ne Zeitlang so trainiert,
wird er zum Traualtar geführt.

Vielleicht wird mancher protestieren:
»Mir könnte so was nicht passieren!«
Hör zu, gewiefter Frauenkenner!
Das sind die größten Hampelmänner!!!

Heinrich, das geht doch nicht!

Dieser Vortrag wirkt unwiderstehlich komisch, wenn Sie ihn im Hamburger Tonfall oder auf plattdeutsch bringen!

Tante Tine hatte wieder ihre große Sabbeltour,
schlägt die Augen auf und nieder, und dann flüsterte sie nur:
»Wo kannst du das nur vergessen, Heinerich, es gibt doch Fisch!
Schellfisch mit das Messer essen ist verpönt an diesem Tisch!
Muss ich das denn ümmer sagen? Kuck mir doch mal in Gesicht!
Mich slägt so was auf den Magen! Heinerich, das geht doch nicht!

Heinerich! die Sabbeljette steckt man sich in'n Hals nich rein!
Nein, die legt man hübsch sich auf den Schoß, ja, so ists fein!
Und man nimmt nich Metz und Gabel jedes in die Hand soo hoch,
bis man kriggt was vor den Snabel, wartet as so'n Swein vor'n Trog.
Rechts die Gabel, links das Messer, wartet man, bis man was kriggt.
Kuck auf mir, ich weiß das besser! Heinerich, das geht doch nicht!

Heinerich, was hast du gestern wieder dir bei Tisch blamiert!
Och, mich hab'n die beiden Swestern bis an'n Schlüpfer ran scheniert.
Kirschensuppe, die mit Steine, legt man auf'n Tellerrand oder spuckt ihr – so, ich meine – büschen in die hohle Hand!
Aber nich in' hogen Bogen annere Leute in Gesicht!
Sowas nenn man ungezogen! Heinrich, das geht doch nicht!

Heinerich, man pult nich ümmer mit der Gabel rum in'n Zahn!
Dein Benimm wird ümmer slimmer, und du treibst mich noch zum Wahn!
Mach'n Streichholz dir zurechte, den nimmt man zum Zahnausbohrn!
Aber nein, bloß all das Slechte hast du dir ja auserkorn!
Muss ich immer dir berufen? Was wirft das auf mir for'n Licht!
Stehst doch selbst auf Büldungsstufen! Heinerich, das geht doch nicht!

Heinerich, das ist die Höchste! Sag mir bloß, was fällt dich ein?
Wo ich hier in deine Neeche, schielst ins Schlüsselloch du rein?
Och, die Stubendeern, dies Übel, bringt mich in die Charitee!
Ümmer ist die alte Zwiebel grad bei dir so in die Näh!
Deine jiddeligen Seiten, die man sonst in Hausflur kriegt, sind bei kleinen doch wohl fleiten?! Heinerich, das geht doch nicht!

Heinerich, wie hast du neulich bei den Hausball dich blamiert!
Dein Benimm, das war abscheulich, so hast du bei'n Tanz geführt!
Ümmer auf ihn, Back an Backe! und mit's Knie hast du gebufft!
Ihre Brust an deine Jacke – und dazwischen nich mal Luft!
Deine Hand auf ihren Rücken, dicht bei's hintere Gesicht!
Und dabei dein Blusenblücken! Heinerich, das geht doch nicht!«

* * *

Männer brauchen drei Frauen, um glücklich zu sein:
eine Mutter, eine Ehefrau und wenigstens eine,
die ihn für einen Mann hält.

Das ist schwer

Treu zu sein mit sechzig, siebzig,
wo man schon ganz ausgeliebt sich,
sowieso nichts mehr erreicht,
das ist leicht.

Doch treu sein mit zwanzig, dreißig,
wo das Herz noch jung und fleißig –
dann nicht schaun nach andern mehr,
das ist schwer.

Vor den Wahlen was versprechen
und nachher sein Wort zu brechen,
wenn man erst sein Ziel erreicht,
das ist leicht.

Doch im Eifer nicht erkalten –
nicht nur vorher Reden halten,
sie auch halten hinterher,
das ist schwer.

Nur bei uns zu spähn nach Waffen
und sie selbst nicht abzuschaffen,
da ist mancher drauf geeicht,
das ist leicht.

Doch auch selber abzurüsten,
und sich dann hier einzunisten
ohne Pulver und Gewehr –
das ist schwer.

Einen hohen Berg erklimmen,
durch den Ozean zu schwimmen,
bis man gründlich durchgeweicht,
das ist leicht.

Aber nach Berlin zu gehen und
am Potsdamer Platz zu stehen,
rüber kommen kreuz und quer,
das ist schwer.

Peinlich

Auf einer Dienstfahrt kommt ans Meer
der Bischof und sein Sekretär.
Der Tag ist heiß, und sie sind matt.
Der Bischof sagt: »Ein kühles Bad,
das wär jetzt so wunderschön.«
Ein Wink, schon bleibt der Wagen stehn.

»Warum nicht, Eminenz, ich bitt!«
»Hab keine Badehose mit.«
»Ich auch nicht«, sagt der Sekretär,
»als ob sie hier so nötig wär.
Denn hier, in dieser Einsamkeit
sieht uns kein Mensch doch weit und breit.«

Schon stürzt er sich, bald nackt, ins Meer,
und nun der Bischof hinterher.
Da braust ein Omnibus heran
und hält grad hier am Ufer an.
Zum Picknick will sich niederlassen –
oh nein, es ist doch nicht zu fassen,
was da entsetzt die Augen schaun –
hier 'ne Vereinigung von Frau'n.
Es ist 'ne Schar von ält'ren Damen,
die gerade hier zum Strande kamen.
Der Bischof schnell die Beine hebt
und ganz entsetzt zum Ufer strebt.

Und als er tritt nun an den Strand,
bedeckt er schamvoll mit der Hand
des Leibes Blöße unten, ach!
Da ruft der Sekretär ihm nach:
»Bedecken Sie doch Ihr Gesicht;
denn unten kennt man Sie doch nicht!«

Der Vielaß

Ach, ein Unglück ohne Frage
ist das Essen. Doch bei Tage
kann der Mensch nicht ohne dem
sein, und das ist unbequem.
Durch des Mundes enge Schleuse
zwängt mit Mühe man die Speise,
bis sie – klein und weich zerlutscht –
tiefer in den Magen rutscht.
Bald bemerkt man, nicht erheitert,
dass der Bauch sich stark erweitert,
und mit sauerem Gesicht
stellt man fest, dass das Gewicht
sich bedenklich hat verschoben,
und zwar leider Gotts nach oben.

Moral: Alles im Leben geht natürlich zu,
nur die Hose geht natürlich nicht zu!

*Heinz Erhardt**

* * *

Durch das ewige Kalorienzählen habe ich noch kein Pfund abgenommen. Aber im Rechnen bin ich sicherer geworden.

*) ©2001 Lappan Verlag,
aus: Das große Heinz Erhardt Buch.

Mein Schatz, du kochst zu gut!

Wenn Frauen nur mit Liebe kochen
und nicht mit Zucker, Mehl und Fett,
wenn sie nicht täglich darauf pochen,
dass man dies alles nötig hätt …
Man bliebe schlank wie eine Tanne
und biegsam wie ein junger Aal;
doch schmeichelnd sagt bei Tisch Susanne:
»Du nimmst doch noch ein zweites Mal?!«

Sie füttern uns mit größter Wonne;
zu schwer fällt leider der Verzicht.
Und wird die Tanne bald zur Tonne,
dies schreckt ein holdes Weibchen nicht!
Nein, heimlich denkt die Herzensdame:
»Geh du nur ruhig aus dem Leim!
Ein jedes Kilo läuft Reklame
für deinen Küchenchef daheim!«

Schon morgens dicke Haferflocken,
worin von selbst der Löffel steht;
dann macht der Mann sich auf die Socken
mit einem Butterbrotpaket.
Des Mittags winkt ein Schweinebraten;
die Klöße schon sind ein Genuss!
Muss man nicht aus dem Leim geraten
beim Kalorien-Überfluss?

Ein Obsttag scheint die letzte Rettung:
Am Montag bleibt der Magen leer.
Infolge tragischer Verkettung
isst man am Dienstag umso mehr!
Weil Eisbein ja viel besser mundet
als der Salat aus Möhren tut …
So wird man täglich überrundet.
Mein Schatz, was kochst du auch so gut!!!

»Es ist doch sonderbar bestellt«,
sprach Hänschen schlau zu Fritzen,
»dass nur die Reichen in der Welt
das meiste Geld besitzen.«

ERFOLG MACHT SCHÖN – MACHT ERFOLG SCHÖN?

»Mein Junge«, sagt der Vater, »ich freue mich sehr, dass du seit zwei Jahren der Beste in der Klasse bist. Aber ich gebe dir den guten Rat, sei auch zu deinen Mitschülern mit den schlechten Zeugnissen freundlich und gefällig. Sie werden wahrscheinlich die Leute sein, bei denen du vielleicht, wenn du erwachsen bist, eine Stellung suchst oder die in der Politik an führender Stelle stehen.«

* * *

Der Klatsch der Frau ist harmlos.
Der Klatsch der Männer gefährlich.
Man nennt ihn Konferenz.

* * *

Der Vorteil der Klugheit liegt darin, dass man sich dumm stellen kann. Umgekehrt ist es schon schwieriger!

Kurt Tucholsky

* * *

Eine Konferenz ist eine Sitzung, zu der viele hineingehen, bei der aber wenig herauskommt.

* * *

Der klugen Leute Ungeschick
stimmt uns besonders heiter;
Man fühlt doch für den Augenblick
sich auch einmal gescheiter.

Wilhelm Busch

Das sagt man so und denkt sich nichts dabei

Hat man mal Streit, will kein Vergleich gelingen,
sagt man dem Gegner schließlich voller Wut
'ne Einladung aus »Götz von Berlichingen« –
und weiß genau, dass der das gar nicht tut.
Man will auch nicht, dass der sich's überlege,
man bleibt nicht stehn, damit 's ihm möglich sei –
man fordert auf – dann geht man seiner Wege –
das sagt man so und denkt sich nichts dabei.

»Bin frisch, wie neu geboren«, sagt man häufig.
Wer neu geboren wird, der schreit und bebt.
»Der lebt wie Gott in Frankreich« ist geläufig –
und keiner weiß, wie Gott in Frankreich lebt.
Wenn eine Maid mal an die Sechzig bald ist,
sagt man, dass sie 'ne alte Jungfer sei –
man weiß doch eigentlich nur, dass sie alt ist –
das sagt man so und denkt sich nichts dabei.

»Geld macht nicht glücklich«, sag'n die reichen Leute –
man müsste jedem sagen, der so spricht:
»Dann schmeiß doch deinen Krempel weg noch heute,
dann bist du glücklich« – doch das tut er nicht.
Politiker im Fernsehn sagen vor den Wahlen:
»Erst kommt das Vaterland, dann die Partei.«
Und nachher sag'n sie in Partei-Lokalen:
»Das sagt man so und denkt sich nichts dabei.«

* * *

Was haben ein Polizist und ein 500-Euro-Schein gemeinsam?

Wenn man einen braucht, ist keiner da!

Die Reichen

Oft unausstehlich sind die Reichen,
nicht selten gehen sie über Leichen.
Skrupellos und unverdrossen
schröpfen sie die Artgenossen.

Von Habgier regelrecht zerfressen,
sind sie enorm aufs Geld versessen.
Eifrig scharren sie und raffen,
um noch mehr herbeizuschaffen.

Und als Statussymbol dienen
Düsenjets und Limousinen,
Luxusjachten, Märchenschlösser,
schöne Frauen, edle Rösser.

Voll Hochmut und voll Arroganz
blickt man herab auf Hans und Franz,
die den Reichen unterlegen
schon des Kontostandes wegen.

O, wie sind die zu verachten,
die nach fremdem Gelde trachten,
die mit bösen Winkelzügen
ihre Mitmenschen betrügen!

Wo bleibt bei so viel Schlechtigkeit
denn nur die Gerechtigkeit?
Ach, es kann in meinem Leben
nur den einen Wunsch noch geben:

Lieber Gott, mach mich jetzt gleich,
bittschön, auch ein bisschen reich!
(Oder ruhig etwas mehr,
lieber Gott, wenns möglich wär.)

Dummheit, die man bei anderen sieht,
wirkt meist erhebend aufs Gemüt. — *Wilhelm Busch*

* * *

Oft ist gerade das Pech, das wir haben, unser Glück!

* * *

Vom ersten Schritt, den du unternimmst, hängt der Rest deiner Tage ab!

* * *

Hoffnung ist ein Seil, auf dem viele Narren tanzen.

* * *

Schaust du immer nur nach oben, gib acht, dass du nicht in was Weiches trittst.

* * *

Besser den Kürzeren ziehen als eine gelangt kriegen.

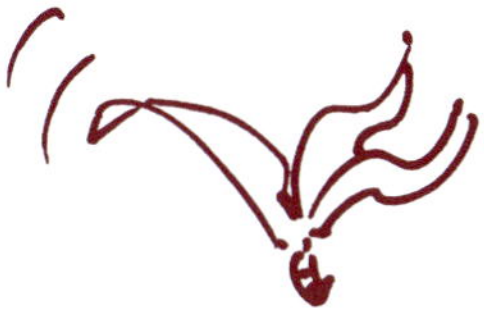

* * *

Lieber den Gordischen Knoten lösen als das Ei des Columbus essen.

* * *

Besser eine Brille als gar keinen Durchblick.

* * *

Wer sich selbst auf die Schulter klopft, erspart anderen den Weg.

* * *

Grüße jeden Dummen – er könnte mal dein Vorgesetzter sein!

Es ist zwar nur wenig – es fällt aber auf

Bei Müllers sollt's neulich zum Abendbrot gehen,
Frau Müller steht selber am Herd,
da hat sie auf einmal noch etwas gesehn,
was nicht in die Suppe gehört.
Sie holt mit dem Löffel den Gegenstand rauf.
Es ist zwar nur wenig – es fällt aber auf!

Ein Vater besucht seinen Sohn, der Student,
sieht dort in dem Zimmer sich um.
Es lieg'n auf dem Tische 'ne Pfeife, ein Buch,
Manschetten und Schlipse herum.
Doch außerdem liegt noch 'ne Haarnadel drauf,
das ist zwar nur wenig – es fällt aber auf!

Ein Herr sieht 'ne Dame – er redet sie an,
sie antwortet sehr reserviert.
Galant will er küssen ihr Händchen alsdann,
doch als er zum Munde es führt,
sieht er auf dem Finger 'nen Ehering drauf,
das ist zwar nur wenig – es fällt aber auf!

Frau Lehmann sieht bei der Frau Maier sich an
die Möbel von seltener Pracht.
Gediegen und kostbar – doch als sie sich dann
die Rückwand per Zufall betracht't,
klebt überall hinten ein Zettelchen drauf.
Das ist zwar nur wenig – es fällt aber auf!

Lieber der lachende Dritte als das heulende Elend!

* * *

Es tut nicht gut, wenn viel regieren,
das Steuer soll nur einer führen.

* * *

Wenn andre klüger sind als wir,
das macht uns selten nur Pläsier,
doch die Gewissheit, dass sie dümmer,
erfreut fast immer.

Wilhelm Busch

* * *

Die Dummen haben das Pulver nicht erfunden, aber sie schießen gerne damit.

MOTIVATION IST ALLES

Es hat mich früher aufgeregt,
wenn etwas mal nicht klappte,
das hat sich Gott sei Dank gelegt,
bevor ich überschnappte.

* * *

Aller Anfang ist schwer,
also höre ich lieber gleich auf.

* * *

Die Arbeit

Mit der Arbeit ist es so auf Erden:
Sie kann sehr leicht zum Laster werden.
Du kennst die Blumen nicht, die duften,
du kannst nur arbeiten und schuften.
So gehen sie dahin, die schönen Jahre,
bis endlich liegst du auf der Bahre,
und hinter dir, da grinst der Tod:
»Kaputt gemacht, du Idiot!«

Ohne Faulheit kein Fortschritt!
Weil der Mensch zu faul war zu rudern, erfand er das Dampfschiff.
Weil er zu faul war, zu Fuß zu gehen, erfand er das Auto.
Weil er zu faul war, abends die Augen zuzumachen, erfand er das Fernsehen.

* * *

Der Chef fragt den Lehrling: »Können Sie überhaupt irgend etwas schnell?« – »O ja, ich kann schnell müde werden«, war die Antwort.

* * *

Zwei Lehrlinge unter sich: »Du, ich habe sechs Wochen Urlaub.« – »Wieso bekommst du sechs Wochen?« – »Ja, drei Wochen habe ich Urlaub und drei Wochen mein Meister.«

WOHNUNGSPROBLEME

Ein junges Ehepaar besichtigt eine neue Wohnung. »Die Küche ist aber sehr klein«, meint die junge Frau. »Seien Sie ganz beruhigt, meine Dame«, meint die Vermieterin, »denn bei der hohen Miete werden Sie ohnehin nicht mehr viel kochen können.«

* * *

»Der Teppich sieht schon wieder so schmutzig aus«, sagt die gnädige Frau. Darauf meint Minna: »Ja, wir müssen uns unbedingt mal wieder Staubsauger vorführen lassen.«

Ich besuchte eine alte Bekannte in ihrer neuen Wohnung. Wir haben uns nett unterhalten. Als wir aber einen Moment mal ganz still waren, hörte ich ein komisches Geräusch und machte meine Bekannte darauf aufmerksam. Diese horchte auch einen Augenblick und sagte dann seelenruhig: »Ach, das Geräusch hat weiter nichts zu bedeuten. Die Nachbarn sind gerade beim Frühstücken und essen ihr Knäckebrot.«

* * *

Zwei Hausfrauen unterhalten sich über ihre Wohnungen. Da meinte die eine: »Unsere Wohnung hat den Nachteil, dass die Nachbarn alles hören, was wir sagen; aber auch den Vorteil, dass wir alles hören, was sie sagen.«

* * *

Bei einer Wohnungsbesichtigung: »Haben Sie Kinder?« – »Nein.« – »Haben Sie ein Klavier?« – »Nein.« – »Hören Sie oft Rundfunk oder Schallplatte?« – »Selten.« – »Also gut, wenn Sie versprechen, immer Hausschuhe zu tragen, können Sie einziehen.« – »Danke, ich möchte es Ihnen doch nicht zumuten, denn mein Füllfederhalter kratzt ein wenig!«

* * *

Ein neues Haus wird gebaut. Kurz vor der Fertigstellung stürzt es zusammen. Darauf schimpft der Architekt die Handwerker aus: »Ich hab euch doch gesagt, dass ihr das Gerüst nicht eher abbauen sollt, bevor alles tapeziert ist.«

Es feiert Postinspektor Meier
die vierzigste Geburtstagsfeier.
Und wie ein schändliches Gerücht
dies im Amt herum sich spricht.

Für die Damen steht der Sekt
im Kühlschrank, weil er kalt nur schmeckt.
Und auch das Bier soll heute fließen.
Diesen Tag muss man begießen.

Meier hat vorweg schon mal
errechnet die Personenzahl.
Doch dabei hat er nicht bedacht,
dass Postlern Feiern Freude macht.

Es macht besonderes Vergnügen,
weil sie dabei umsonst was kriegen.
Auch die, die Meier sonst kaum sehen,
pünktlich auf der Matte stehen.

Flaschen zischen, Korken knallen,
so lang, bis die Kollegen lallen.
Man trinkt sich immer wieder zu
und ist mit manchem schon per Du.

Der Dienstschluss, der wird übersehen,
keiner denkt dran heimzugehen.
Und Meier lässt sich heut nicht lumpen,
geht für den Nachschub sich was pumpen.

Meier trinkt und feiert feste,
vergisst zu Hause seine Gäste.
Schwiegereltern, Mutter, Tanten
und all die lieben Anverwandten.

Draußen wird es langsam Nacht.
Im Amt wird endlich Schluss gemacht.
Auch Meier tritt den Heimweg an.
Die Fahne weht ihm weit voran.

Trotz Geburtstag gibt's danach
zu Hause einen Riesenkrach.
Seine Frau, die ruft entsetzt:
»Warum kommst du denn erst jetzt?«

Doch Meier denkt sich: »Laber nur«,
zeigt von Reue keine Spur.
Er lacht und fühlt sich nicht betroffen,
er geht ins Bett – er ist besoffen!

Ein Auge trüb, das andere heiter,

so fängt es an – so geht es weiter.

KLEINES LEXIKON FÜR KÖRPERBEWUSSTE

Herz

Lege die Hand aufs Herz.
Sie sind ein Herz und eine Seele.
Das drückt mir das Herz ab.
Erst alles auf Herz und Nieren prüfen.
Sie hat ihm das Herz gebrochen.

Bauch

Ein voller Bauch studiert nicht gern.
Er kann einem ein Loch in den Bauch fragen.
Er spuckt Gift und Galle.

Leber, Galle, Nieren

Ihr ist eine Laus über die Leber gelaufen
Er ist gesund an Herz und Nieren.
Rede nur frei von der Leber weg.
So etwas geht mir an die Nieren.

Magen

Lieber den Magen verrenkt als dem Wirt was geschenkt.
Mir schlägt so was auf den Magen.
Seine Augen waren größer als der Magen.
Liebe geht durch den Magen.

Schulter

Er zeigt ihm die kalte Schulter.
Sie nimmt alles auf die leichte Schulter.

Rippen

Ich kann mir nicht alles aus den Rippen schneiden.
Bei ihm kann man alle Rippen zählen.

Wirbelsäule

Er ist ihm in den Rücken gefallen.
Er hat einen breiten Buckel.
Das hat ihm das Rückgrat gebrochen.
Lass dich nicht aufs Kreuz legen.
Du kannst mir den Buckel runter rutschen.

Beine

Lügen haben kurze Beine.
Was man nicht im Kopf hat, muss man in den Beinen haben.
Er ist schon wieder auf den Beinen.
Bleib mit beiden Beinen auf der Erde.

Knie

Man sollte nichts übers Knie brechen.

Füße

Was ich tue - hat Hand und Fuß.
Er lebt immer noch auf zu großem Fuß.
Ich kann jetzt auf eigenen Füßen stehen.

Arme

Lass dich nicht auf den Arm nehmen.

Finger

Lass dir nicht auf die Finger schaun.
Man kann sich nicht alles aus den Fingern saugen.
Sie konnte ihn leicht um den Finger wickeln.
Gibt man ihm den kleinen Finger, will er die ganze Hand.

Haut

Ich kann nicht aus meiner Haut.
Das geht direkt unter die Haut.
Es ist nicht gut, auf der faulen Haut zu liegen.
Sie steckt in keiner gesunden Haut.

Nerven

Ich möchte dir mal auf den Nerv fühlen.
Du kannst einem wirklich den Nerv töten.

HALBGÖTTER IN WEISS

Der Arzt sagt zu einer Patientin: »Liebe Frau Schneider, Sie sehen aber nicht gut aus!« Darauf die Patientin empört: »So eine Schönheit sind Sie aber auch gerade nicht, Herr Doktor!«

* * *

»Habe gehört, dass Wurzeln gut für die Augen sind!« »Das muss wohl stimmen, denn haben Sie schon einmal einen Hasen mit Brille gesehen?«

* * *

Treffen sich zwei Freunde: »Ich komme gerade aus dem Krankenhaus. Man hat mein Gehirn geröntgt, aber nichts gefunden.« – »Ja, sag mal ehrlich, hast du etwas anderes erwartet?«

»Was ist der Unterschied zwischen einem Spezialisten und einem praktischen Arzt?« fragt der eine. – »Mindestens 50,- Euro«, meint der andere.

* * *

Die Lernschwestern eines Krankenhauses haben Prüfung und werden gefragt: »Warum trägt der Arzt bei einer Operation eine Maske vor seinem Gesicht?« Die Antwort: »Damit der Patient ihn nicht wieder erkennt, wenn die Operation missglückt ist.«

Der Schnupfen (männlich)

Das Auge tränt, und ebenfalls
kratzt es fürchterlich im Hals.
Die Nase läuft, schwillt an, wird rot;
der arme Mensch niest sich halbtot.
Wenn ihm dieses auch nicht passt:
Der Schnupfen hat ihn jäh erfasst.

Der Schere der Erkrankung wegen
muss er sich schleunigst niederlegen.
Matt liegt der Mensch in seinen Kissen,
lässt jeden Lebenswilln vermissen.
Wird es seinem Weib gelingen,
ihn über den Berg zu bringen?

Zum Essen hat er keine Kraft,
er lebt von Nasenspray und Hustensaft.
Will er das WC benützen,
lässt er von seinem Weib sich stützen.
Ihm ist es fast zum Sterben bang.
So liegt er drei, vier Tage lang.

Doch plötzlich trifft ihn fast der Schlag,
denn heute ist ja Donnerstag!
Ein äußerst wichtiger Termin,
denn heut muss er zum Kegeln hin!
Man sieht ihn aus dem Bette hupfen,
total vergessen ist der Schnupfen.

Ja, das Befinden ist verbunden
mit dem Willen zu gesunden.
Nicht nur Bazillen oder Viren
sind es, die in uns regieren;
groß ist der Einfluss unsrer Seele,
ob uns was wohltut oder quäle.

Pillen

Mann, nimm doch um Himmels willen
nicht so furchtbar viele Pillen!
Für Magen, Leber, Nieren, Galle –
Pillen gibt es für sie alle.

Für den Kopf, den Bauch, das Herz
greift man beim allerkleinsten Schmerz,
weil man ihn nicht gerne hätte,
unverzüglich zur Tablette.

Bleibt der Schlaf dem Menschen fern,
nimmt er eine Pille gern.
Und was er nicht für möglich hält –
schon versinkt für ihn die Welt.

Wie bekämpft man dann zwangsläufig
die Müdigkeit, die danach häufig?
Rasch schluckt man eine Pille runter –
bums! schon ist man wieder munter.

Alles, was der Mensch so isst,
verlässt ihn nach gewisser Frist.
Tritt hier eine Verzögerung ein,
nimmt man eine Pille ein.

Wird der Gedanke dir zur Last,
ob deine Hose dir noch passt,
greifst du zur Pille – wie verrückt! –,
die den Hunger unterdrückt.

Und dann die Pille überhaupt,
die heut so mancherlei erlaubt,
was man früher gar nicht wagte,
wenn man an die Folgen dachte.

Kommst du in fortgeschrittne Jahre,
krumm wird der Rücken, grau die Haare –
soll sich das Leben dann noch lohnen,
nimmst du die Pille mit Hormonen.

Mann, denkst du daran auch dabei,
ob alles das zuträglich sei?
Viel zu viel wird eingenommen;
manches wird dir schlecht bekommen.

Wirst du des Lebens gar nicht froh,
fragst dich: »Wo ist das Glück nur? Wo?«
Vielleicht im Dufte einer Rose –
doch kaum in einer Pillendose.

Der Vers hat mich so angestrengt,
dass mir die Zung im Hals raushängt!
Wo sind denn um Himmels willen
bloß meine Magnesiumpillen?

Tetje möchte einen Papagei über die Grenze bringen. Der Zollbeamte macht ihn darauf aufmerksam, dass er für einen Papagei 50.- Euro Zollgebühr zahlen muss. Ist er tot oder ausgestopft, wäre er zollfrei.
Als Tetje den Papagei nachdenklich anschaut, sagte dieser ganz ängstlich: »Mensch, Tetje, mach keinen Quatsch!«

DIE ZOOLOGIE

Person: Professor Sebaldus Fahlmuschel, der so aussieht, wie sich der kleine Fritz einen zerstreuten Professor vorstellt

Eingangsszene: Im Hintergrund primitive Zeichnungen von Schwein, Rind, Kuh, Huhn, Hahn, Ei, Affe und Mensch auf Papier oder Tafel. Im Vordergrund ein Tisch, auf dem der Zeigestock bereitliegt. Der Professor tritt ein, unter dem Arm lose Blätter mit Notizen, die ihm hinfallen. Er hebt sie auf, zählt sie nach und ordnet sie, überzeugt sich von der Anwesenheit seiner Brille, der Zeichnungen, des Zeigestocks und des Publikums, räuspert sich und beginnt seinen Vortrag.

Meine Damen und Herren! Die Zoologie ist die Wissenschaft von den Tieren. Von allem, was da kreucht und fleucht. Sie wird eingeteilt in Vierfüßologie, Vogologie, Fischologie und die Ungezieferologie!
Es gibt Tiere, die andere Tiere fressen, und Tiere, die von anderen Tieren gefressen werden, oder die der Mensch essen kann. Dies sind uns die liebsten Tiere, und da kommen wir gleich zum beliebtesten Tier…, zum Schwein.
(zeigt auf das Bild des Schweines)

Das Schwein ist teils männlichen Geschlechts, dann heißt es Eber, teils weiblichen Geschlechts, dann heißt es Sau. Es hat vorn die Schweineschnauze, die Schweinebacken, die Schweineohren und hinten die Schinken nebst Eisbeinen. Zwischen den Eisbeinen befindet sich die Fortpflanzungsapparatur, und über dem Rückstoßventil das Schweineschwänzchen. Das Schwein wird als besonders schöne Leiche in Form von Schlachtschüsseln zu Grabe getragen.

Ein weiteres beliebtes Tier ist das Rindvieh! *(zeigt auf das Bild des Rindes)* Es gibt kleine Rindviecher, das sind die Kälber, dann gibt es große Rindviecher, das sind die Kühe, dann gibt es größere Rindviecher, das sind die Ochsen. Die allergrößten Rindviecher kann ich hier nicht nennen, weil ich mich keiner Beleidigungsklage aussetzen will.

Der Herr der Herde ist der Bulle! Er ist ein sehr massiver Herr, der meistens rot sieht, einen erfreulichen Appetit sowie erotische Aktivität entwickelt. Wohingegen der Ochse nur dumm um die Ecke guckt, weil er in dieser Beziehung ein Kümmerling ist. Deswegen trägt er auch meistens ein Brett vor dem Kopf und muss die Last des Schicksals hinter sich herziehen.

Die Kuh ist nun die wichtigste Ernährungsmaschine unserer Zeit. Im lebenden Zustand gibt sie uns Milch, Sahne und Butter und im toten Zustand leckere Sachen: Gulasch, Rouladen, Roastbeef usw.

Ihre Milchverarbeitungszentrifuge *(zeigt auf das Bild der Kuh)* befindet sich zwischen den beiden Hinterbeinen und ist in Pompadourform mit mehreren Zapfvorrichtungen versehen. Am Hinterausgang ihres Körpers hat sie die Spinatherstellungsvorrichtung und darüber einen Fliegenwedel mit Quaste.

Die Rindviecher schmecken bestens und geben uns auch noch beim Ableben gutes Leder für warme Schuhe. Drum, wenn man zu uns ihren Namen sagt, so ist das eine Ehre und keine Beleidigung! *(Pause, studiert seine Notizen)*

Kein Leben ohne Feier, keine Feier ohne Eier. Und was sind Eier? Die Urzelle des Vogellebens, und im speziellen Fall das Nonplusultra der Hühnergackelei. *(zeigt auf das Bild des Huhns mit dem Ei)* Aus dem Dotter im Ei wird das Küken, aus ihm entwickelt sich das Hähnchen oder das Hühnchen. Später entwickelt sich das Huhn.

Der Hahn *(zeigt auf das Bild des Hahns)* ist die Vollendung der Zeugungskraft, und für ihn wurde das Lied gedichtet: »Auf in den Kampf …«. Der Hahn ist stolz, hat eine laute Stimme und – ist immer bereit: Hipp-hipp-hurra! Das Hühnervieh ist das einzige Vieh, das man vor seiner Geburt und nach seinem Tode essen kann.

Der Affe *(zeigt auf das Bild des Affen)* ist dem Menschen am ähnlichsten. Man sagt, der Mensch stamme vom Affen ab, man sieht es manchen Leuten auch an. Der Affe hat vier Hände, einen langen Schwanz und sonst alles andere auf menschlicher Basis. Er ist der Erfinder der Affenliebe. Hat er sich Läuse in den Pelz gesetzt, flöht er sich gegenseitig, was bei den Menschen die Amtsgerichte besorgen. Der Affe ist ein Affe, weil er affig ist.

Abarten des Affen sind die Giraffen, die Maulaffen, die Klammeraffen. Beim Militär wurde der Affe früher auf dem Rücken des Menschen getragen, der dadurch zur Familie der Kamele in verwandtschaftliche Beziehungen trat.

Die Kamele *(sucht vergeblich nach einem Bild, weil keins da ist)* sind Kamele, weil sie welche sind, und man erkennt sie, weil sie wie ein Kamel aussehen und sich auch so benehmen. Es gibt Kamele mit einem Höcker, das sind die harmlosen, auch Dromedare genannt. Dann gibt es Kamele mit zwei Höckern, die sind schon dämlicher, die größten Kamele haben gar keinen Höcker, statt dessen sind sie alle schwer verheiratet.

Die Abarten der Kamele sind die Kameleons *(Chamäleons)*, die immer ihre Farbe wechseln und ihr Mäntelchen nach dem Winde hängen. Man findet sie sehr viel auf Sitzungen und Versammlungen.

Die höchste Entwicklung aller Individuen hat der Mensch durchgemacht. *(zeigt auf das Bild des Menschen, eine Kopffüßler-Kinderzeichnung)* Er geht aufrecht, kann sprechen und gelegentlich sogar denken! Er ist daran schuld, dass die Welt größer und schöner geworden ist und alle auf der Erde lebenden Leute wie Menschen aussehen.

Der Mensch zerfällt in zwei Gruppen! Eine männliche und eine weibliche! Der Unterschied ist bei näherer Betrachtung leicht festzustellen. Der Mensch hat fünf Sinne, manches Mal einen sechsten Sinn, und damit macht er Geld. Der Mensch ist das höchste Tier, und darum lebe es hoch und dreimal höher noch!

Und damit schließe ich für heute meine wissenschaftlichen Ausführungen! *(packt seine Notizen zusammen, die noch einmal hinfallen, verstaut umständlich seine Brille)* Der nächste Vortrag behandelt das Ungeziefer und sonstige Mistviecher unter Berücksichtigung unserer geschätzten Verwandten und Bekannten. *(verbeugt sich und geht)*

MENSCH UND TIER: DIE FAMILIENÄHNLICHKEIT

Ein Kätzchen kommt nachts in eine Bar. Es setzt sich auf einen Barhocker und bestellt ein Schnäpschen. Der Barmixer entsetzt: »Aber Kätzchen, du kannst doch keinen Schnaps trinken!«
»Ach, bitte«, sagt das Kätzchen, »ich möchte doch so gerne einen Kater haben.«

* * *

Eine Mücke setzt sich ans Ohr eines Polizisten und lallt:
»Da – da – vorne, dem Autofahrer, dem sollten Sie mal eine Blutprobe entnehmen!«

Zwei Hennen unterhalten sich: »Meine Eier sind alle Klasse A und deine nur Klasse B.«
»Ja, glaubst du denn, ich will mir für zwei Cent noch den Hintern verrenken?«

* * *

»Hat Ihr Dackel eigentlich gar keinen Namen?« »Wozu denn, wenn ich ihn rufe, kommt er ja doch nicht.«

* * *

Peter erzählt seinem Freund vom Hobby seiner Mutter: »Weißt du, die hat ganz viele Goldfische. Einen hat sie besonders lieb, der darf sogar in der großen Badewanne schwimmen.« Da fragt der Freund: »Ja, was macht sie denn, wenn sie mal baden will?« »Ach, das ist kein Problem«, war die Antwort, »dann bindet sie ihm die Augen zu.«

* * *

Der Nachbar fragt einen Hundehalter: »Warum rufen Sie Ihren Hund immer mit ›alter Gauner‹? Hat er keinen richtigen Namen?« »Was meinen Sie wie viele Leute sich auf der Straße umdrehen, wenn ich meinen Hund rufe!«

* * *

Eine Dame kauft einen Pullover. Ausdrücklich verlangt sie »reine Wolle«. Die Verkäuferin bestätigt ihr wiederholt, dass der ausgesuchte Pullover aus reiner Wolle ist. Plötzlich sieht die Dame ein Einnähetikett im Pullover, worauf »Baumwolle« steht, und zeigt es entrüstet der Verkäuferin. »Oh, entschuldigen Sie bitte!«, sagt die Verkäuferin, »ich hätte es Ihnen gleich sagen müssen. Wir nähen die Baumwolletiketts nur hinein wegen der Motten, damit die nicht an die Pullover gehen.«

* * *

Die Schulkinder machen einen Ausflug in den Zoo. Plötzlich ruft der Lehrer: »Guckt mal, Kinder, wie der Storch auf einem Bein steht!« »Das muss er ja wohl«, antwortet der Max. »Wieso muss er das?« fragt der Lehrer. »Na, wissen Sie, wenn er das andere auch noch heben würde, würde er doch umfallen.«

Für unsere Mode nehmen wir Frauen oft die Tierwelt zur Hilfe. Z. B. tragen wir am Kopf – den Reiher, das Nerzcollier, den Silberfuchs, den Nerz; im Rock – das Schaf; an den Füßen – die Schlange oder Eidechse.
Die Kamele bezahlen, und die Esel laufen hinter uns her!

* * *

In der Schule erklärt der Lehrer die Tiergattungen: »Also, die Biene gehört zu den Insekten, der Hase zu den Nagetieren, das Schwein zu den Haustieren. Und wozu gehört der Hering?« Da ruft Peter: »Zu Pellkartoffeln!«

* * *

Klein-Peter meint: »Ein Glück, dass ich keine Giraffe bin, denn dann hätte ich aber 'n langen Hals zu waschen!«

* * *

»Mein Hund ist mir entlaufen. Was soll ich nur machen?« fragt jemand einen Polizisten. »Setzen Sie doch eine Anzeige in die Zeitung.« »Das ist doch Unsinn. Mein Hund kann doch nicht lesen.«

* * *

»Du, Mama, warum verstecken sich die Ferkel immer im Stroh?« – »Sie schämen sich, weil ihre Mutter eine Sau ist.«

* * *

»Kann mir einer sagen, welches Tier das größte Anpassungsvermögen hat?« fragt der Lehrer. »Das Huhn, Herr Lehrer, denn es legt die Eier immer so groß, dass sie genau in den Eierbecher passen!«

* * *

In der Schule fragt der Lehrer: »Wer kann mir sagen, was eine Raupe ist und wie sie aussieht?« Die kleine Hilde meldet sich: »Eine Raupe ist ein gepolsterter Regenwurm.«

* * *

Wenn ein Hahn springt auf die Krähe,
war kein Huhn in seiner Nähe!

Was ist der Unterschied zwischen einem Hund und einem Sänger?
Der Hund kommt, wenn man pfeift. Der Sänger geht, wenn man pfeift.

* * *

Der Mensch, der soll, solang er lebt,
stets tugendhaft und brav sein,
doch wenn der Wind mal günstig steht,
dann soll er auch kein Schaf sein.

Wilhelm Busch

* * *

Welches Tier ist am stärksten?
Die Schnecke. Sie trägt immer das ganze Haus mit.

* * *

Mit welchem Tier hat mancher oft zu kämpfen?
Mit dem inneren Schweinehund!

* * *

Warum macht der Hahn beim Krähen die Augen zu?
Er kennt den Text auswendig!

* * *

Warum ruft der Kuckuck immer seinen eigenen Namen?
Er hat nichts anderes gelernt!

* * *

Was ist der Unterschied zwischen einer Schnecke und einer Ziege?
Eine Schnecke wird bei einer Behörde gut bedient, weil sie kriecht. Eine Ziege hat es schwer, weil sie zu viel meckert.

Wie wird man einen Bandwurm los?
Wenn man fünf Tage hintereinander Spinat mit Ei isst und am sechsten Tag Spinat ohne Ei. Dann kommt der Bandwurm von alleine hervor und fragt:
»Wo bleibt denn das Ei?«

Das Rindvieh

Der Spieß steht vor der Kompanie,
die antrat in der Halle,
und wie die Besenstiele stehn
die müden Landser alle.
Mit Engelszungen spricht der Spieß
jetzt ein auf die Rekruten,
ermahnt sie ernstlich und beschwört
im Bösen sie und Guten.

Da tönt ein »Achtung!« durch den Saal,
herein spaziert: der General!

Er blickt sich mehrmals suchend um,
und da er den nicht findet,
den er zu finden hier gehofft,
grüßt kurz er und verschwindet.
»Guck wieder rein«, schreit Meier drei
ihm nach und alle lachen,
der Spieß fällt fast in Ohnmacht und
brüllt los wie Donnerkrachen:
»Wer war das Rindvieh hier im Saal?«
Und laut ertönt's: »Der General!«

* * *

Zwei betrunkene Bauern stehen an der Theke. Einer geht kurz hinaus, und als er wiederkommt, fragt er seinen Freund: »Sag mal, raucht dein Pferd?«
»Nein, du spinnst wohl!«
»Ja, das tut mir Leid, dann brennt dein Stall!«

* * *

Welches Tier ist am bescheidensten?
Die Motte. Sie frisst nur Löcher.

* * *

Welcher Vogel hat keine Federn und kommt nie auf einen grünen Zweig?
Der Pechvogel!

Vergangnen Maitag brachte meine Katze
zur Welt sechs allerliebste kleine Kätzchen,
Maikätzchen, alle weiß mit schwarzen Schwänzchen.
Fürwahr, es war ein zierlich Wochenbettchen!
Die Köchin aber - Köchinnen sind grausam,
und Menschlichkeit wächst nicht in einer Küche -,
die wollte von den sechsen fünf ertränken,
fünf weiße, schwarzgeschwänzte Maienkätzchen
ermorden wollte dies verruchte Weib.
Ich half ihr heim! - Der Himmel segne
mir meine Menschlichkeit! Die lieben Kätzchen,
sie wuchsen auf und schritten binnen kurzem
erhobnen Schwanzes über Hof und Herd;
ja, wie die Köchin auch ingrimmig dreinsah,
sie wuchsen auf, und nachts vor ihrem Fenster
probierten sie die allerliebsten Stimmchen.
Ich aber, wie ich sie so wachsen sah,
ich pries mich selbst und meine Menschlichkeit. -
Ein Jahr ist um, und Katzen sind die Kätzchen,
und Maitag ist's! - Wie soll ich es beschreiben
das Schauspiel, das sich jetzt vor mir entfaltet!
Mein ganzes Haus, vom Keller bis zum Giebel,
ein jeder Winkel ist ein Wochenbettchen!
Hier liegt das eine, dort das andre Kätzchen,
in Schränken, Körben, unter Tisch und Treppen,
die Alte gar - nein, es ist unaussprechlich -
liegt in der Köchin jungfräulichem Bette!
Und jede, jede von den sieben Katzen
hat sieben, denkt euch! sieben junge Kätzchen,
Maikätzchen, alle weiß mit schwarzen Schwänzchen.
Die Köchin rast, ich kann der blinden Wut
nicht Schranken setzten dieses Frauenzimmers;
ersäufen will sie alle neunundvierzig!
Mir selber, ach, mir läuft der Kopf davon -
o Menschlichkeit, wie soll ich dich bewahren!
Was fang ich an mit sechsundfünfzig Katzen?

Theodor Storm

Spatz und Spätzin

Auf dem Dache sitzt der Spatz,
und die Spätzin sitzt daneben;
und er spricht zu seinem Schatz:
»Küsse mich, mein holdes Leben.«
Bald nun wird der Kirschbaum blühn;
Frühlingszeit ist so vergnüglich!
Ach, wie lieb ich junges Grün.
Alles duftet so vergnüglich!

Spricht die Spätzin: »Teurer Mann,
denke doch der neuen Pflichten!
Fangen wir noch heute an,
uns ein Nestchen einzurichten.«

Spricht der Spatz: »Das Neste baun,
Eier brüten, Junge füttern
und dem Mann den Kopf zu krauln
liegt den Weibern ob – und Müttern.«

Spricht die Spätzin: »Du Barbar!
Soll ich bei der Arbeit schwitzen,
und du willst nur immerdar
zwitschern und herumstibitzen?«

Spricht der Spatz: »Ich will dir hier
mit zwei Worten kurz berichten:
Für den Spatz ist das Pläsier,
für die Spätzin sind das Pflichten!«

Der dumme Papagei

Ich kauft mir einen Papagei
vor etwa drei, vier Wochen,
der scheint nicht sonderlich begabt,
er hat noch kaum gesprochen.
Zwei kleine Worte kennt er nur,
und die führt er als Waffe,
denn wenn ich mit ihm schimpf', sagt er
nur leichthin: »Alter Affe.«

Und ob ich singe oder schwatz,
ob ruhe oder schaffe,
sobald der Vogel mich nur sieht,
dann schreit er: »Alter Affe«.
Schon morgens früh beginnt der Tanz,
denn wenn ich sitz beim Kaffe,
dann glotzt er mich ganz dämlich an
und murmelt: »Alter Affe.«

Allmählich wurd mir doch zu dumm
dies Papageintheater.
Acht Tage lang probier ich jetzt
mit ihm das Wörtchen »Vater«.
»Sagst du jetzt ›Vater‹, dummes Biest?
Sag ›Vater‹, blöder Laffe!«
So schrei ich stundenlang mit ihm,
doch er krächzt: »Alter Affe.«

Im Guten hab ich es versucht,
gekrault ihm seine Federn,
als das nichts half, da musst ich ihm
sogar das Fell verledern.
Ich hab im Guten es versucht,
ich gab ihm Bohnenkaffee,
'ne Knackwurst, dick wie'n Besenstiel –
er krächzte: »Alter Affe.«

Ich zog vor Wut den Hals ihm lang
(er glich schon 'ner Giraffe).
»Sagst du jetzt ›Vater‹, dummes Biest?«
Er lallte: »Alter Affe.«
»Na warte nur, du fauler Wicht,
ich werd dein Fell dir wienern!«
Und wütend warf ich in den Stall
hinein ihn zu den Hühnern.

»Hier bleibst du, du verstockter Strolch,
und wags nicht, dich zu regen!
Wenn du nicht sprechen lernst, dann lernst
du jetzt das Eierlegen!«
Und abends schaut' ich in den Stall,
– ich denk, mir platzt die Hose!
da sitzt das Luder stolz im Sand
in 'ner Diktatorpose …

Vier Hühner neben sich, gerupft
bis auf die letzten Federn,
war er dabei, den stolzen Hahn
entsetzlich zu verledern!
Mit seinen Klauen hatte er
den armen Hahn beim Kragen
und schrie und krächzte fürchterlich:
»Willst du wohl ›Vater‹ sagen!«

Maikaterlied

Maikater singt die ganze Nacht:
Der Frühling ist erwacht, erwacht,
der Frühling ist erwacht!

Gleich einem Reif trägt er den Schwanz;
wär'n Blätter dran, so wärs ein Kranz;
er flötet:

O, holde Mimamausamei,
wer dich zu lieben wagt, der sei
getötet!

Ich ganz alli-alla-allein,
nur ich darf dein Gespusi sein,
bis dass es morgenrötet.

Im Mai sind alle Blätter grün,
im Mai sind alle Kater kühn
und alle Jüngelinge.

Und wer ein Herz hat, fasst sich eins,
und wer sich keins fasst, hat auch keins;
singe, mein Kater, singe!

Pudels Geburtstag

Als mein Hund Geburtstag hatte,
kam frühmorgens Fräulein Mann,
die im Nachbarhause wohnte,
mit der feinsten Bratwurst an.
Vormittags kam meine Tante
aus dem Dorfe Wiesenrain.
Sie lud meinen süßen Pudel
gleich zum Stadtspaziergang ein.
Mittags kam der Metzger Harry
zu uns aus der Fleischerei.
Er hatt' sieben Leberknödel
für den süßen Hund dabei.
Sieben Knochen brachte Oma,
und mein Hund fraß sie geschwind.
Alle Leute der Familie
sorgten fürs Geburtstagskind.
Abends brachte Papa Kuchen
und ein großes Kotelett.
Hätt mein Hund sehr oft Geburtstag,
würd er dick und rund und fett.

Wer seiner Jugend nachläuft, läuft dem Alter in die Arme!

GROSSELTERN

Bei Opa

Der Opa ist ein frommer Mann
und liest in seiner Bibel.
Die Oma schneidet nebenan
fürs Abendbrot die Zwiebel.
Der Opa ist ein frommer Mann
und weint ob seiner Sünden.
Auch Omama weint nebenan,
jedoch aus andern Gründen.

*Heinz Erhardt**

* * *

Man sagt: »Die Jugend ist heute verdorbener als zu unserer Zeit!« Ja, man müsste eben jetzt noch mal zwanzig sein!

* * *

Die Oma gibt ihrem Enkelsohn zwei Euro. »Hier schenk ich dir ein ganz blankes Zwei-Euro-Stück für dein gutes Zeugnis.« »Weißt du, Oma, das könnte gerne auch ein zerknitterter Fünf-Euro-Schein sein.«

* * *

»Oma, habt ihr aber viele Fliegen hier«, meint die Enkeltochter mit einem Blick auf den Fliegenfänger. »Ja, habt ihr denn keine?« fragt die Oma. »Doch, schon, aber wir hängen die nicht extra auf!«

* * *

Oma schaut zu, wie die Enkeltochter sich wäscht. »Als ich so klein war wie du, habe ich mir dreimal am Tag das Gesicht gewaschen.«
»Mal ehrlich, Oma, was hast du davon gehabt? – Schau doch mal in den Spiegel.«

Großmütter

Die moderne Art zu leben
macht nicht vor den Omas halt,
am Althergebrachten kleben,
wissen sie, macht selber alt.

Sie sind keineswegs von gestern,
stricken keine Strümpfe mehr,
sehen mit den Enkeln Western,
lernen ständig nebenher.

Haben nicht mehr, immer gütig,
Märchenvolk um sich geschart,
scheinen eher übermütig
auf bewundernswerte Art.

Gehen jede Woche schwimmen
oder zum Gymnastikkreis,
sind bemüht, sich fit zu trimmen,
lesen Krimis dutzendweis'.

Zum Terminkalender blicken
müssen sie, was man auch fragt,
einfach so die Kinder schicken
ist auf jeden Fall gewagt.

Erika Hamann

* * *

Wieder ist ein Jahr vergangen,
Kaum hat es erst angefangen.
Tröste dich und bleib nur froh,
denn anderen geht's ebenso!

Von Null zu Null

Die erste Null ist ein Erlebnis!
Die zweite nimmt man stolz und leicht.
Die dritte Null wird als Ergebnis
meist mühelos und glatt erreicht.

Die vierte Null, mit Schwung erklommen,
kennt gleichfalls kein Problem.
Doch ehrlich und genau genommen
ist sie bisweilen unbequem.

Die fünfte Null ist keine Bürde.
Man fühlt sich fit, wie einst im Mai.
Die so genannte Halbzeithürde
ist sicher aber schon vorbei.

Die sechste Null zwingt heimlich leise
den Lebenssommer in die Knie.
Doch weiter geht die große Reise
mit Zuversicht und Energie.

Die siebte Null beschert und spendet
Verehrung, Achtung, auch Respekt.
Dem eigenen Dasein zugewendet
hat mancher sich schon selbst entdeckt.

Die nächste Null tritt dann als achte
kalendermäßig auf den Plan.
Nicht stürmisch laut, nein sachte, sachte,
den stillen Freuden zugetan.

Die neunte Null gesund erleben
bleibt meist ein frommer, schöner Traum.
Das Fragen und das Antwortgeben
stehn wie ein Fels im leeren Raum.

So reiht sich eine Null zur andern.
Sie fügen sich wie Stein auf Stein.
Gott schenkt uns Leben, lässt uns wandern,
Er lehrt uns auch zufrieden sein.

* * *

Der Mann von fünfzig Jahren

Von der Wiege bis zur Bahre
sind es viele, viele Jahre.
Dann, mit fünfzig, sechzig, siebzig
sind wir nur noch alt und friedlich.

Man vertrottelt, man versäumt,
man verwahrlost, man verbauert –
nun zum Teufel gehen die Haare.
Auch die Zähne gehen flöten –
und, statt dass wir mit Entzücken
junge Mädchen an uns drücken,
lesen wir ein Buch von Goethen.

Aber einmal noch, vorm Ende,
will ich so ein Kind mir fangen;
Augen hell und Locken kraus.
Nehms behutsam in die Hände,
küsse Mund und Brust und Wangen,
zieh ihm Rock und Höschen aus ...

Nachher dann, in Gottes Namen,
will auch meine Ruh ich haben.

Peinlich

Neulich – das war recht fatal –,
die Tante mit dem Kapital,
sie wurde neunzig – welche Gnade!
Ich gratulierte; doch wie schade,
dass die Tante sich nicht freute.
Sie sagte spitz, dass es nicht heute,
sondern vor einem Monat war –
da wurde Tantchen achtzig Jahr!

* * *

Runzeln, täglich mehr

Bin über 80, etwas rund,
steif sind die Glieder, doch gesund ist der Mund.
Der Geist funktioniert noch einigermaßen,
man sieht, das Reimen kann ich nicht lassen!

Das Gesicht hat Runzeln, täglich sinds mehr.
Ich kann es nicht ändern, aber 's ärgert mich sehr,
die passten auch gut woanders hin.
Doch was soll ich grübeln – das hat keinen Sinn!
Die Fassade ist eben nicht mehr schön,
Jugend ist besser anzusehn!

Mein Humor aber ist immer noch da,
er sagt auch heut noch zum Leben Ja!
Es kommt ja doch, wie es kommen muss,
und dies ist aller Weisheit Schluss!

Helene Schultz

Wenn du jung bist – wenn du alt bist!

Wenn du jung bist, rufst du voll Unverstand:
»Wenn ich nur erst älter wär, das wär charmant!«
Wenn du alt bist, dann seufzt du tief und schwer:
»Schön ist die Jugend, doch sie kommt nicht mehr.«

Wenn du jung bist, gehst du stets elegant.
Lack und Claque und Frack, das macht dich intressant.
Wenn du alt bist, ist dir das alles gleich,
legst keinen Wert auf so'n modernes Zeug.

Bist du jung, hast du Locken wunderbar,
kämmst von vorn nach hinten dir dein üpp'ges Haar.
Bist du alt und hast du hier *(auf den vorderen Teil des Schopfes deutend)* dein Haar verlorn,
kämmst du den Rest von hinten dir nach vorn.

Wenn du jung bist, hast du 'nen guten Magen,
wenn du alt bist, kommn die Verdauungsfragen.
Wenn du jung bist, haste oftmals nichts zu kaun,
wenn du alt bist, kannst du's nicht verdaun.

Bist du jung, gehst du jeden Sonntag aus,
wenn du alt bist, guckst du zum Fenster 'raus.
Winkt am Sonntag dir ein hübsches Mädchen zu,
sagst du: »Nein, bei mir herrscht Sonntagsruh.«

Bist du jung, siehst du flott und schneidig aus,
hast die Taille schlank und die Brust heraus.
Bist du alt, bist du oftmals sehr robust,
dafür bist du schwächer – auf der Brust.

Bist du jung, gehst du oft ins Kneip-Lokal,
mit der Kellnerin poussierst du manches Mal.
Du sagst »Du« zur Anna, Sophie und Marie,
wenn du alt bist, sagst du wieder »Sie«.

Wenn du jung bist, stehst du als Vater da.
Wenn du alt bist, dann wirst du Großpapa.
Denn ein Vater zu werden, hält dann schwer,
doch Großvater werden – nicht so sehr.

Wenn du jung bist, sagst du deinem Sohn:
»Hüt vor Weibern dich und lass die Hand davon!«
Wenn du alt bist, dann sagt dein Sohn zu dir:
»Vater, komm mir nicht in mein Revier!«

Wenn du jung bist, bekommst du manchen Schmatz.
Jede Woche hast du da 'nen andern Schatz.
Da betrügst du die Weiber sicherlich,
wenn du alt bist, betrügen sie dich.

Wenn du jung bist, da treibst du's oft sehr toll.
Wenn du alt bist, dann sagst du würdevoll:
»Oh, wie schlimm steht es mit der Sittlichkeit.«
Denn aus Erfahrung weißt du ja Bescheid.

Wenn du jung bist, küsst dich manch Mägdelein,
Ja, in ihrem Arm kannst du selig sein.
Bist du alt und reich, denkst du voller Pein:
»Könnt ich nur noch mal ›armselig‹ sein.«

Drum, wer jung ist, soll sich des Lebens freun,
gut und brav kann man auch im Alter sein.
Doch der Leichtsinn gehört zur Jugendzeit,
drum versäumt nichts, sonst tut es euch leid.

Das Geburtstagsgeschenk

Personen: Verkäufer, junges Mädchen

Eingangsszene: Das junge Mädchen betritt den Laden, in dem der Verkäufer hinter seinem Tresen steht.

Guten Tag, meine Dame, was darf es denn sein? Verkäufer

Guten Tag, ich suche ein Geschenk für meinen Großvater. Mädchen

Ah, für den lieben Opa. Dann wollen wir doch mal sehen, was wir so da haben. Wie wäre es denn mit einer schönen Tabakspfeife?

Nein, das kommt nicht in Frage, mein Opa raucht nicht.

Ah, sehr vernünftig, der alte Herr.

Na, so alt ist er nun auch noch nicht. Er wird morgen 64 Jahre alt, und ich suche eben was Preiswertes und Passendes zum 64. Geburtstag.

Da haben Sie aber Glück gehabt, gerade zum 64. Geburtstag habe ich etwas Passendes da. Da habe ich nämlich gestern zufällig ein Schachbrett reinbekommen, das hat genau 64 Felder!

* * *

Der Zahn der Zeit hat uns benagt in all den Jahren:
Wir sind nicht mehr, was wir vor 30 Jahren waren!

* * *

Doch wenn wir auch nicht mehr so ganz fabrikneu,
so sind wir doch beileibe noch nicht alt,
und mit den nöt'gen Mühen und Finessen
besitzen wir noch ›Schönheit‹ und ›Gestalt‹!
Vor allem junges Herz und Charme, die konnten wir bewahren,
da fühlen wir uns noch genauso wie vor 30 Jahren.

Senioren-Rückschau

Man merkt es an der nicht mehr so schlanken Taille,
dass einem üppig Essen nicht mehr frommt.
Man merkt es, wenn man mal bei schnellem Laufen
und Treppensteigen aus der Puste kommt.

Man merkt es an den kleinen Schönheitsfehlern,
man merkt es an der Brille auf der Nase,
man merkt es an den dezent ergrauten Haaren:
Wir sind nicht mehr, was wir vor 30 Jahren waren!

Man merkt es an mancherlei Wehweh und Reißen
und an der täglichen Arznei.
Es fehlt schon mancher eigne Zahn zum Beißen,
und damit Nüsse knacken ist vorbei.

* * *

Die Frau des Rentners

Ach, was waren das für Zeiten,
als mein Mann noch schaffen ging
und noch nicht so träg wie heute
nutzlos in sei'm Sessel hing.

Damals wusst er vor Dynamik
nicht, wohin mit seiner Kraft.
Heute ist er gleich beim Aufstehn
schon wie'n Braten ohne Saft.

Trotzdem krabbelt er – wie früher –
kurz nach sechs schon aus dem Bett,
zieht 'ne Schnut bis auf die Erde,
klagt, wie schwer's ein Rentner hätt.

Ich würd gern noch etwas schlafen,
er will's Frühstück, ich seh rot,
sag ihm freundlich, doch energisch:
»Mach dir's selber, du Idiot!«

Dann rumort er in der Küche:
Klirr – das war die Kaffeekann.
Schließlich brennt dem alten Depp noch
auf dem Herd das Wasser an.

Also raus aus meiner Koje,
aufgelöst, zu Tod erschreckt,
in die Küch, da sagt die Pfeife:
»Schatz, ach, hab ich dich geweckt?«

Ich verkneif mir eine Antwort,
übernehme die Regie,
sitz ihm schließlich am gedeckten
Frühstückstische vis-à-vis.

Sein Erscheinungsbild ist ätzend,
für die Liebe kein Gewinn:
Haare struppig, ungekämmt noch,
Stoppelbart am Doppelkinn.

»Das war mal die große Liebe,
war dein Leben, war dein Traum!
Heute nur noch zu gebrauchen
Als Vogelscheuch im Kirschenbaum!«

Nach dem Frühstück liest er Zeitung,
jeden Absatz – Wort für Wort.
Mich lässt er den Abwasch machen,
ich denk heimlich schon an Mord.

Ist die Küche schließlich sauber,
alles steht auf seinem Platz,
lässt er seine Zeitung sinken,
fragt: »Kann ich was helfen, Schatz?«

»Geh dich endlich renovieren«,
ruf ich aus dem Korridor.
»Muss ich wirklich?«, fragt der Dreckspatz,
»hast du etwas mit mir vor?«

Später schick ich meinen Gatten
mit 'nem Einkaufszettel los.
»Willst du pünktlich mittagessen«,
sag ich, »dann beeil dich bloß.«

Es wird spät und immer später,
wer nicht heimkommt, ist mein Mann.
Ich ernähr mich aus der Dose.
Um halb drei erscheint er dann.

Vollgesoffen bis zum Kragen
torkelt er in unser Haus,
sieht mich gar nicht, gleich ins Bette,
und da schläft er sich dann aus.

Abends ist er wieder munter,
tut, als wäre nichts geschehn,
lächelt wie ein Unschuldslämmchen;
dem wird's Lächeln noch vergehn!

Ich bereite ihm das Essen,
das ist schließlich meine Pflicht:
Heute gibt es Schweinkopfsülze,
denn ich weiß, die mag er nicht.

Mürrisch kaut er auf der Sülze,
schiebt's im Munde hin und her,
so als ob das Zeug ein Stückchen
seines eignen Hinterns wär.

Und er isst auch nur sehr wenig,
Sülze kaum was, Brot ein Stück;
was ihm keineswegs was schadet,
er ist ohnehin zu dick.

Nach dem Essen geht's zum Fernsehn,
dreißig Sender stehn zur Wahl,
und mit seiner Fernbedienung
legt er los, mein Herr Gemahl.

Eine Oper gibt's im Ersten,
und ein Krimi läuft bei Zwei.
Dann sind wir für zehn Sekunden
auf Sat 1 beim Sport dabei.

Bei 'nem Heimatfilm in 3Sat
bleibt er zwei Minuten dann,
wechselt zu 'ner Ami-Serie,
die kein Mensch ertragen kann.

So geht das den ganzen Abend,
einmal langsam, einmal schnell,
bis die nackten Weiber kommen
gegen zehn bei RTL.

Die lässt er sich nicht entgehen,
und die Fernbedienung ruht.
Seine Augen glänzen lüstern,
und in Wallung kommt sein Blut.

In mir drin erwacht die Hoffnung,
dass heut Nacht noch was geschieht.
Doch kaum ist der Film zu Ende,
gähnt er laut, dann ist er müd.

Schleppt sich rüber in die Koje,
fängt sogleich zu schnarchen an,
dass er morgens kurz nach sechs schon
wieder munter aufstehn kann.

Jeden Tag die gleiche Chose,
jeden Tag derselbe Trott,
seit mein Gatte Rentner wurde,
ist das Eheleben Schrott.

Dabei könnt man jetzt doch reisen,
ob man Bus fährt oder fliegt,
könnt die halbe Welt erkunden,
gucken, wo Mallorca liegt.

Zeit genug wär doch vorhanden,
mehr Zeit, als man brauchen kann.
Ich hab auch genug Erspartes,
doch leider einen Pflaumemann.

Er hockt lieber in sei'm Sessel,
hat kein' Bock, die Welt zu sehn,
merkt nicht, wie er langsam schimmelt
und die Jahre schnell vergehn.

Aber nebenan der Meier,
auch ein Rentner, doch sehr fit,
hat mich kürzlich eingeladen
zu 'ner Busfahrt: Ich mach mit!

Flieg auch mit ihm nach Mallorca
nächsten Winter, so sieht's aus;
Nicht etwa der Liebe wegen,
aus dem Alter bin ich raus.

Nein, ich möcht mein' Gatten reißen
aus der Rentnerlethargie.
Eifersucht bewirkt oft Wunder,
doch – bei meinem weiß man nie!

Möglich wär's, es ist ihm schnuppe,
was ich mit dem Meier treib,
dann, ihr Leut, dann könnt's passieren,
dass ich aus Mallorca schreib:

»Wetter Klasse – Meier Spitze,
anders als du Trauerkloß.
Schlafe weiter, ruh in Frieden,
aber mich, mich bist du los!«